Schnittstelle Tod

Was spricht für unser Weiterleben?

Ausgewählte Tagungsbeiträge des 3. Europäischen Seminars in Aachen
zum Thema Nahtoderfahrungen unter dem Serientitel:
„Schnittstelle Tod", am 09. November 2013

Herausgeber:

Prof. Dr. med. Walter van Laack

Facharzt für Orthopädie und Orthopädische Chirurgie, Physikalische Therapie, Sportmedizin, Chirotherapie, Akupunktur, Dozent an der FH-Aachen, Campus Jülich, für Medizintechnik und Grenzgebiete der Medizin im Fachbereich Medizintechnik und Technomathematik, Sachbuchautor

Umschlagseite

gestaltet von meinem Sohn Martin van Laack, Bachelor of Science, RWTH-Aachen

© 2014 by van Laack, Aachen, Buchverlag

Alle Rechte, insbesondere des – auch auszugsweisen – Nachdrucks, der phono- und photomechanischen Reproduktion, Fotokopie, Mikroverfilmung, Computerbearbeitung, Übernahme ins Internet sowie der Übersetzung und auch jeglicher anderen Aufzeichnung und Wiedergabe durch bestehende und künftige Medien, sind ausdrücklich vorbehalten. Ausnahmen nur mit schriftlicher Genehmigung der Autoren, bzw. des Herausgebers.

Druck und Vertrieb durch
Book on Demand (BoD) GmbH, In de Tarpen 42, 22848 Norderstedt, www.bod.de
Printed in Germany

im Auftrag von:
van Laack GmbH, Aachen, Buchverlag
www.van-Laack.de   www.vanLaack-Buch.de   www.vanLaack-Book.eu

Softcover
ISBN 978 – 3 – 936624 – 19 – 9

Inhaltsverzeichnis

Vorwort des Herausgebers — 5

Klaus Müller:
Nahtoderfahrung - eine Botschaft der Liebe für uns alle! — 7

Alois Serwaty:
Nahtoderfahrung im kulturellen Vergleich - Stirbt der Muslim anders als der Christ? — 11

Raymond Saerens:
WWW im 21. Jahrhundert: Wird Wissenschaft Weisheit? — 23

Walter van Laack
Leben und Geist sind unsterblich — 35

Günter Ewald
Umgang mit Sprache und Begriffen bei Nahtod- und Nachtoderlebnissen — 53

Andrea Freifrau von Wilmowsky
„Segelfalter – Dokumentation eines Nachtodkontaktes" — 61

Wilfried Kuhn
Warum können Nahtoderfahrungen neurobiologisch nicht ausreichend erklärt werden? — 71

Gunhild Rederer-Maser
Begegnungen mit Bewusstsein, Energie und Geist — 87

Göbel, Dagobert und Fernanda Marinho-Göbel
Jenseitskontakte mit therapeutischem Nutzeffekt?
(Der Umgang mit „psychisch Gestörten" in Brasilien) — 89

Das Netzwerk Nahtoderfahrung e.V. (N.NTE) — 96

Vorankündigung Jahrestagung N.NTE 2014:
„40 Jahre NTE-Forschung, 10 Jahre N.NTE" — 97

Aktuelle Bücher des Herausgebers — 99

Seminarankündigungen „Schnittstelle Tod" in Aachen, 2009, 2011, 2013:

Vorwort des Herausgebers

Bereits zum dritten Mal nach 2009 und 2011 traf sich eine erfreulicherweise stetig wachsende Interessensgemeinde in Aachen, um verschiedene Aspekte zu der im Laufe eines Menschenlebens ganz sicher jeden Einzelnen von uns tief berührenden Frage zu diskutieren, ist unser Tod nun unser Ende oder vielleicht doch nicht?

Ein, wie ich meine, nicht unwichtiges Ziel meines auch diesmal wieder in enger Zusammenarbeit mit dem deutschen Netzwerk Nahtoderfahrung e.V. durchgeführten „Jour fixe" ist es, im Laufe der Tagungen möglichst viele Gruppen zu Wort kommen zu lassen, die sich mit den unterschiedlichsten Facetten zum Thema „Tod und ein mögliches Danach" auseinandersetzen.

Naturwissenschaftliche, medizinische und psychologische Aspekte dürfen dabei genauso wenig zu kurz kommen wie mystische, religiöse und philosophische Annäherungen oder auch bloß individuelle Erfahrungen, die bei Betroffenen nicht selten zu plötzlich ganz anderen Überzeugungen führen, als sie zuvor noch vehement vertreten haben. Genauso müssen und sollen zahlreiche esoterische Vorstellungen ihren Raum bekommen, selbst wenn manch einer ihrer Vertreter das Esoterische daran weit von sich weist, als wäre es etwas Ehrenrühriges.

So hatten wir beispielsweise 2009 einen Beitrag zu Erfahrungen mit hypnagoger Lichttherapie, um transzendentale Zugänge zu erleichtern, sowie zu wissenschaftlichen Versuchen, „Jenseitskontakte" über Tonbandstimmen herzustellen. Dieses Mal nahmen Referenten teil, die mit großem Mut öffentlich erklären, tief emotionale, persönliche Erfahrungen mit bereits Verstorbenen erlebt zu haben, als Wach-Medium direkten Zugang zu Verstorbenen aufbauen zu können oder seit vielen Jahren als Trancemedium versuchen, psychisch kranken Menschen durch „Jenseitskontakte" vielleicht effektiver als die Schulmedizin zu helfen.

Für mich als naturwissenschaftlich ausgebildeter und denkender Zeitgenosse sind viele Aspekte nicht immer leicht nachvollziehbar. Zugleich aber habe ich im Laufe der letzten 40 Jahre nicht zuletzt auch an mir selbst gelernt und lernen müssen, dass es tatsächlich viel mehr zwischen Himmel und Erde geben muss – und zu geben scheint – als es heute immer noch sehr viele Schulmediziner und Naturwissenschaftler akzeptieren wollen.
Mit tiefer „Passion", aber ohne „Mission", möchte ich daher zum einen versuchen, die Einseitigkeit naturwissenschaftlicher Betrachtungen, die man in der Philosophie auch als reduktionistisch und materialistisch bezeichnet, auf seriöse und wissenschaftlich nachvollziehbare, ja langfristig haltbare Weise abzubauen.

Zum anderen ist es mein genauso erklärtes Ziel, die nach meiner Erfahrung unglaublich große Beliebigkeit esoterischer, mystischer, aber genauso oft auch religiöser Anschauungen, Vorstellungen und Glaubensdogmen zumindest ein wenig plausibel einzugrenzen. Dabei geht es mir nicht darum, selbst neue Dogmen zu schaffen. Vielmehr glaube ich, dass es ohnehin nur eine Wahrheit geben kann und man diese nur dann annähernd ins Visier nehmen kann, wenn man sich bemüht, den allem und jedem zugrundeliegenden „Roten Faden" zu finden. Ich glaube fest, dass es diesen gibt, und dass er sich überall in der Welt entdecken lässt, wenn man nur den Blick davor nicht einfach verschließt. Das grundsätzliche „Was" in dieser Welt zu erkennen und plausibel näher zu bringen, ist mein Ziel. Für das „Wie" in dieser Welt gibt es für alle – und auf allen Seiten – noch riesige Spielräume für Forschung und für Interpretation.

Eine solche Vorgehensweise ist eine schwierige Gratwanderung. Dieser Grat ist wohl auch nicht sehr breit. Aber für mich ist es eine erklärtermaßen lebenslange Herausforderung, die ich gerne annehme. Sicher mag man auf diesem Grat das ein oder andere Mal Zick-Zack laufen oder droht sogar abzurutschen. Das ist menschlich und liegt in der Natur dieses schwierigen Unterfangens. Die Kritiker mögen mir das wohlwollend verzeihen. Immer werde ich jedoch versuchen, konsequent wieder auf diesen Grat zurückzufinden.

Von einem aber bin ich heute überzeugt und grenze mich deshalb auch von vornherein explizit gegenüber allen Kritikern und jenen vielen Naturwissenschaftlern sowie auch zahlreichen Vertretern meiner eigenen Zunft ab, die ein Überleben unseres Todes – trotz vieler und sehr klarer Indizien hierfür – nach wie vor kategorisch ausschließen. Es ist längst meine tiefe Überzeugung, dass unser Tod nicht wirklich auch unser Ende ist – oder, so wie eines meiner zahlreichen Bücher betitelt: „Wer stirbt, ist nicht tot!"

Am Ende meines Vorwortes als Tagungsleiter, Co-Referent, Co-Autor und als Herausgeber dieses dritten Tagungsbandes, danke ich noch einmal allen ganz herzlich, die als Referent(in) am Zustandekommen des manchmal heiß und kontrovers diskutierten, dritten „Jour fixe" am 9. November 2013 in Aachen mitgewirkt und dieses Buch mit gestaltet haben. Und natürlich danke ich allen Seminarteilnehmern sowie Ihnen, verehrte(r) Leser(in), die sich hierfür interessieren und nicht aufhören mitzudiskutieren.

Aachen, im Januar 2014   Prof. Dr. med. Walter van Laack

Nahtoderfahrung - eine Botschaft der Liebe für uns alle!

Klaus Müller
Kapitän

Seit dem Aachener NTE- Seminar 2011 hat sich viel getan. Es wird fairer und ausgewogener berichtet. Öffentliches Interesse ist vorhanden.
Das Aachener Seminar „Schnittstelle Tod" versammelt interessierte Menschen. Die anwesenden Referenten werden aus einem weiten Kreis von Kompetenzbereichen und Erfahrungen berichten. Alle Teilnehmer hier können hören, fragen und sich informieren.
Dank an Professor Walter van Laack, diese Serie von Seminaren organisiert zu haben. Man kann da schon von Tradition sprechen.

Das Wort Liebe hat eine unmessbare Reichweite und Bedeutung. So wie die Schwerkraft das Universum durchdringt, so durchdringt Liebe uns – Sex, Mitleid, Empathie oder das Lächeln, alles ist auch ein Teil von Liebe.
Wir müssen lieben und geliebt werden. Welche Probleme und Fragen tun sich da auf! Die Großartigkeit unserer Erde und unseres Universums, schlicht Gott.

Das ist alles Liebe!

Menschen mit Nahtoderfahrung berichten, fast übereinstimmend, von realer Liebe, die sie intensiv erlebten. Es hinterlässt reine Freude und Hoffnung. Oft ändert es die Einstellung zum Leben, man sorgt sich um andere, auch um die eigene Seele.
Die Nahtoderfahrung hilft Sterbenden und deren Begleitung, ob mit oder ohne Patientenverfügung.
NTE nimmt die Angst vor dem Tod!

Man kann natürlich fragen: Warum erst NTE, um diese Liebe zu leben; und mit dieser Liebe das Leben hier zu beenden?

Religionsgründer, wie Buddha, und Jesus, um nur die Bekanntesten zu nennen, viele Philosophen und Weise, sie fordern nichts als Liebe. Gott wird mit Liebe gleichgesetzt. Die Seele ist etwas Göttliches und ewiges.
Wir alle bewundern und akzeptieren es, doch nur verschwindend wenige lebten und leben danach.
Warum?
Seit etwa 6 Millionen Jahren führen wir mehr und mehr ein „Nicht-Schimpansen-Dasein". Vielseitige, individuelle Qualitäten, innerhalb der Jäger- und Sammlerhorde, oder dem Clan, waren Voraussetzung für das Überleben.

Innerhalb der Horde musste jedes Mitglied unterschiedliche Talente besitzen, wie Intelligenz, kraftvollen Körperbau, Ausdauer, Schnelligkeit, dazu gehören auch Teilen der Beute, Charakterliches und Zusammengehörigkeitsgefühl. Natürlich nur für die eigene Horde, nicht für den Nachbarn!
Hunger, Sex und Machtanspruch waren die treibenden Kräfte. Ja, auch heute noch.
Politik und Wirtschaft handeln danach. Fernsehen, Presse und Literatur bieten es endlos in jeder Form.

Im Spätsommer musste gierig gerafft und gesammelt werden für den kommenden Winter.
Wir alle betreiben es noch heute.
Intelligenz, vereint mit Kraft und Wille, machten den Chef der Horde. In Hungerzeiten holte man sich mit Gewalt das Nötige beim Nachbarn. Waffen, vom Speer bis zur Atombombe, garantierten den Erfolg. Es gibt da kein Gut und Böse, es gilt zu überleben!
Der Sexualtrieb, tief sitzend und wenig kontrollierbar... auch heute, garantierte das Fortleben der Gruppe. Mehr wurden geboren als der heimatliche Bereich ernähren konnte. Mit weitreichenden Folgen: Es führte zu Hungersnöten, Kriegen und Egoismus.

Über 99% der menschlichen Geschichte lebten wir im Paradies, in und von der Natur.
Dann Adam und Eva; dann Kain und Abel!
Mit der Vergrößerung des Gehirns kam es zu Kultur, Technik, Landwirtschaft und Viehzucht. Vom Rad zur Atombombe, vom Medizinmann zu Buddha, Sokrates und Jesus.
Aus dem Revier der Horde entwickelten sich Königreiche, Nationalstaaten und weltweite Verkaufsregionen.
Die besseren Waffen, die biologische Veranlagung, die höhere Intelligenz, das ist Voraussetzung für Erfolg auf unserer Erde.

Wir glauben über unserer biologischen Herkunft zu stehen. Hunger, Sex und Macht haben uns, trotz Buddha, Sokrates und Jesus, fest im Griff!
Die Natur wird brutal und bedenkenlos ausgenutzt und verformt. Es gibt keine Kontrolle und Verantwortung für die unerwünschten Folgen von Ideologie und Industrie. In den Ozeanen schwimmen 150 Millionen Tonnen Plastik, Klimaänderung - da lässt sich endlos weiter klagen und anklagen.

Die Mendelsche Vererbungslehre beweist klar, dass ein jeder andere Eigenheiten und Talente besitzt. Nicht Schuld und Unschuld; nicht Sünde und Gesetzestreue, nein, wir Menschen nutzen unsere Qualitäten. Schuldzuweisungen sind sinnlos. Wir sind wie wir sind!

Wer die Vererbungslehre von Mendel begreift, in Verbindung mit Jäger- und Sammlerdasein, versteht warum es zu der heutigen Welt kam, in der wir leben

Was wir doch bis zur gelebten Liebe alles von uns wissen müssen!?
So wie Sokrates sagte, und das Orakel von Delphi: Erkenne dich selbst!

Wissenschaftler, Politiker, Vorstände der weltweiten Superfirmen, Religionsführer und Parteivorstände – wer es mit eigener Kraft erreichte, benötigte herausragende Talente. Und er bereichert sich entsprechend.
Konfuzius sagte: Jene mit höherem IQ haben keine besonderen Rechte!

Erkenne dich selbst, sagt das Orakel von Delphi. Es ist wohl der mit Abstand wichtigste Rat an uns Menschen. Glück hat auch mit Lernen zu tun, es ist die Suche nach Weisheit und Liebe. Körper und Geist müssen mit Vernunft und Liebe fürsorglich gepflegt werden.
Die Selbstkenntnis und die Liebe, können ein grundsätzliches Übel der Menschheitsgeschichte durchbrechen: Das Drehen im Kreise, ein Krieg oder eine Not der anderen folgend. Werden wir nicht wie Blinde von Blinden geleitet?
Keine rosigen Zukunftsaussichten mit all den Atombomben, die von nichtkontrollierbaren Händen gezündet werden können.

Die geistige und materielle Welt kommen sich näher. Es gibt Wissenschaftler, die das nicht gern hören. Die Frage nach Quantenphysik, Schwarzen Löchern und Singularität machen schnell sprachlos.
Mit der Zunahme des Wissens, wird die Grenze zum Unwissen so viel länger und größer. Geist und Materie treffen sich, durchdringen sich. Viele merken es nicht.
Die Natur, von Gott geschaffen, ist es auch Liebe. Wie sonst ist die Welt erklärbar?
Eines Tages fragen wir nicht, ist Leben danach; sondern wir fragen, ist wirklich Leben vor dem Tod?

Liebe ist hier das Thema.
Die Liebe ist ein Begehren nach Etwas, was uns fehlt.
Die Mystiker, und auch Sokrates, sagen: Liebe findet nur in Gott Ruhe.
Liebe, von der die Menschen im Unterbewusstsein wissen.
Liebe, ist Weisheit. Liebe, Zwilling der Wahrheit. Liebe, es beendet den Hass.
Was funktioniert besser als Liebe? Wir müssen den Hass überwinden, wir müssen vergeben!
In einer Welt voll Atombomben und anderen Zeitbomben, wollen wir doch überleben und leben können!
Von Liebe, mit beeindruckenden Worten gesagt, hörten wir von *Buddha, Sokrates, Konfuzius, Jesus, Nikolaus von Kues, Meister Eckhart, Hildegard von*

Bingen, Khalil Gibran, Goethe, Kant, de Spinoza, Dietrich Bonhoeffer und von vielen anderen mehr. Dank an sie alle, die Genannten und die Nicht-Genannten! Nicht nur mit Interesse von ihnen lesen, auch dem Rat bewusst folgen!

Gut hinhören, nicht nur berühmte Philosophen und Denker fordern Liebe, auch normale Menschen erkennen die Notwendigkeit. Und da sind es vor allem die NTE'ler!
Sie haben eine tiefe und reale Liebe erlebt.
Ihre überzeugenden Berichte sind von unschätzbarem Wert. Sie können der Erde und ihren Bewohnern Gutes antun!
Liebe ist nicht nur eine fromme und schöne Forderung, sie ist die Voraussetzung für unser Überleben.
Liebe ist die Grundlage, die dem logischen Denken Sinn gibt!
Von Jesus: Die letzte Wahrheit – Gott ist Liebe! Das Gesetz als Erziehung zur Liebe, ein universelles Gebot.
Die Welt ist vergänglich, Geist und Seele bestehen!

Der Evangelist Johannes, über 90 Jahre alt, im Kloster auf der griechischen Insel Patmos, wird hereingetragen und von seinen Schülern gefragt: Was ist das Wichtigste des Lebens? Johannes antwortet, kaum hörbar: Kinder, liebet Euch, der Rest kommt von selbst!
Liebe und tu was du willst! Das sagt das Evangelium.

Lasst uns Gutes starten!

Persönlichen Dank an Professor Walter van Laack! Er führte mich zu NTE durch lernen und Freundschaft.
Dank auch an Gunnar Adler-Karlsson. Durch ihn verstehe ich Menschen etwas besser.
Großer Dank an meine Frau Helena, sie lässt mich mit Geduld studieren und schreiben.

Hören sie, was ein Tröpflein bewirkt!

Das Tröpflein, von Joh. Wolfgang von Goethe

Tröpflein muss vom Himmel fallen,
Muss in Quellen weiter wallen,
Muss im Bach die Mühle schlagen,
Und wo wären denn die Meere,

Muss das zarte Blümlein netzen,
Muss dem Fischlein auch gefallen,
Muss im Strom die Schiffe tragen,
Wenn nicht erst das Tröpflein wäre!

Nahtoderfahrung im kulturellen Vergleich - Stirbt der Muslim anders als der Christ?

Alois Serwaty
Vorsitzender N.NTE[1]
www.netzwerk-nahtoderfahrung.org

Die Frage des Einflusses kulturell-religiöser Prägung auf das Phänomen der Nahtoderfahrungen stand vom Beginn der modernen Nahtodforschung - also seit *Raymond Moody*'s Buch „Life after Life" im Jahre 1975 - im Mittelpunkt einer kontrovers geführten Diskussion. Diese Diskussion dauert bis heute an. Aus den Erfahrungsberichten, die Moody vorlagen, hatte er ein „Modell" einer Nahtoderfahrung entworfen. Dies beschrieb in idealtypischer Weise eine Sterbeerfahrung. „Ein Mensch liegt im Sterben..." – so beginnt der weithin bekannte Text und beschreibt dann einen Sterbeprozess mit den Kernelementen einer Todesnäheerfahrung (10, 38 ff). Der erst später eingeführte Begriff „Nahtoderfahrung" (engl. „near-death experience") wird auch heute noch weitgehend sowohl in der wissenschaftlichen Literatur als auch in populärwissenschaftlichen Veröffentlichungen gebraucht. Dennoch bleibt er undefiniert und dient als „Cluster"- oder „Containerbegriff", in den vieles hinein gepackt wird, was hinein gehört, aber auch manches, was nicht hinein gehört. Dies erschwert nicht nur die öffentliche, sondern insbesondere auch die wissenschaftliche Diskussion und führt nicht selten zu Missverständnissen und Fehlinterpretationen.

Standardmodell versus „Individualmodell"

Moody identifizierte und beschrieb zwölf, bzw. fünfzehn Kernelemente, die für eine Nahtoderfahrung bestimmend sind. Sie sollen hier noch einmal vollständig aufgeführt werden, da sie häufig mit anderen Begriffen, in anderer Zusammensetzung oder Reihenfolge angeführt werden.

- Unbeschreibbarkeit
- Das Hören der Todesnachricht
- Gefühle von Frieden und Ruhe
- Der dunkle Tunnel
- Das Verlassen des Leibes
- Begegnung mit andern
- Das Lichtwesen
- Die Rückschau
- Die Grenze oder Schranke

---

[1] N.NTE = Netzwerk Nahtoderfahrung Deutschland

- Die Umkehr
- Mitteilungsversuche
- Folgen im Leben
- Neue Sicht des Todes
- Bestätigung

Die Auswahl und die Reihenfolge der Elemente ist zwar mit einer gewissen Willkürlichkeit behaftet, bot jedoch die Möglichkeit einer Abgrenzung gegenüber anderen Phänomenarten in dem großen Spektrum außergewöhnlicher Bewusstseinsphänomene und spirituellen Erlebens. Andere Forscher entwickelten eine etwas andere Systematik, aber im Grunde ist es bis heute bei den durch Moody beschriebenen Kernelementen geblieben. Ergänzend wurden in Abhängigkeit von der Anzahl der aufgetretenen Elementen Skalen zur Messung der „Tiefe" einer Nahtoderfahrung entwickelt. Dieses „Standardmodell" ist jedoch von einigen Autoren und Wissenschaftlern gründlich missverstanden worden und wird bis heute noch heftig kritisiert. Der Konstanzer Religionssoziologe Hubert Knoblauch hat seine Studie 1999 darauf ausgerichtet, die Existenz dieses „Prototyps" einer NTE zu widerlegen (11). Moody hat sein „Sterbemodell" jedoch nie als Standardmodell mit den immer gleichen Elementen und derselben Folge des Ablaufs verstanden. Während Knoblauch durchaus einen transzendentalen Bezug in diesen Erfahrungen anerkennt, so sieht der Leipziger Neurologe Birk Engmann darin ausschließlich ein variables, biographischen, kulturellen und sozialen Einflüssen unterliegendes - und damit erklärbares - Phänomen (7).

Warum nun dieser heftige Streit? Er hat grundsätzliche, weltanschauliche Bedeutung für die wissenschaftliche Erklärung und Deutung dieser Phänomene. Wenn diese kein gemeinsames Erlebnismuster - und zwar über kulturelle, religiöse und soziokulturelle und biographische Grenzen hinweg - aufzeigten, dann wären es nur individuelle Erfahrungen, subjektive Projektionen ohne eine besondere anthropologische Bedeutung, ohne jegliche Aussagekraft über die besondere Natur des Menschen. Knoblauch hat die kulturelle Prägung mit dem Bild verdeutlicht: Der New Yorker fährt mit dem Taxi zum Himmel, der Inder reitet auf der Kuh dort hin. Weiterhin glaubt er nachweisen zu können, dass der Ostdeutsche Nahtoderfahrungen anders erlebt als der Westdeutsche. Er betont folglich die stark individuell geprägte Seite der Erfahrungen (11).

Der Streit dauert an. Vertreter einer materialistisch und naturalistisch geprägten Erklärung und Deutung betonen die individuelle Unterschiedlichkeit des Phänomens Nahtoderfahrung als angeblichen Beweis für deren subjektiven, halluzinatorischen Charakter, Vertreter einer spirituell-transzendentalen Deutung betonen dagegen die Gemeinsamkeiten und die universelle sowie kultur- und religionsübergreifende Invarianz (Gleichförmigkeit) der Nahtoderfahrungen.

Wer hat nun Recht, und wie steht es um der Universalität dieser Erfahrungen? Kommen alle Elemente in allen Kulturen vor oder gibt es Unterschiede? Die Forschungen sind hier sehr defizitär, dennoch vermittelt Bild 1 einen Anhaltspunkt. Es macht deutlich, dass es Elemente gibt, die universell gültig, andere wohl auf bestimmte Kulturkreise beschränkt sind oder zumindest in der Häufigkeit des Auftretens deutlich variieren. Die Frage der Universalität muss folglich für jedes einzelne Element gesondert betrachtet werden.

Kultur	Tunnel	OBE	Lebensrückblick	Wesen	„Andere Welt"
Asien					
China	?	+	+	+	+
Indien	-	+	+	+	+
Thailand	?	+	+	+	+
Tibet	-	+	+	+	+
Pazifisches Gebiet					
Western New Britain	?	?	?	+	+
Hawaii	?	+	-	+	+
Guam	-	+	-	+	+
Maori	?	+	-	+	+
Jäger-Sammler Gesellschaften					
Native America	-	+	-	+	+
Afrika	?	-	-	+	+
Aborigine	-	-	-	+	+

Bild 1 Vorkommen von Kernelementen in nicht-westlichen Kulturen. Quelle: JNDAE7 26(4) 245-310 (2008)

Sind diese Erfahrungen abhängig vom Alter, Geschlecht, Bildungsstand, also von soziobiographischen Daten? Hierzu gibt es ziemlich überzeugende Forschungsergebnisse: Die meisten Studien belegen, dass zu diesen Faktoren keine Korrelationen vorliegen. So zum Beispiel die „van-Lommel-Studie": „Ebenso wenig spielte die religiöse Überzeugung eine Rolle, auch nicht ob jemand Agnostiker oder Atheist war, welchen Bildungsstand er genossen hatte." (13,155)

Wie sieht es nun mit der kultur- und religionsübergreifenden Invarianz aus? Die Frage ist umso bedeutsamer, als sie Aufschluss darüber gibt, ob diese Erfahrungen konstitutiv für den Menschen sind, oder ob es individuelle Projektionen sind. Die Berichte, auf die sich Moody bezog, stammten aus dem westlich-christlich orientierten Kulturkreis. Deshalb wurden sehr bald auch Studien in anderen Ländern durchgeführt. Sie zeigen, dass die gleichen Ergebnisse nationen- und kulturübergreifend auftreten. Auch aus China liegt eine Studie vor. Zwei chinesische Ärzte interviewten 81 Überlebende eines Erdbebens. Es handelte sich um Patienten einer Klinik, die bei dem Erdbeben unter ihren Häusern begraben worden waren und durch die dabei erlittenen Schäden partiell oder ganz gelähmt waren. Von ihnen berichteten 42 Prozent über Nahtoderfahrungen. Auch in ihren Schilderungen ist die Rede von außerkörperlichen Erfahrungen, dem Sehen eines „mystischen Lichtes" und die Begegnung mit Verstorbenen (4) (14).

Nahtoderlebnisse aus dem islamisch-schiitischen Kulturraum (Iran)

Von besonderem Interesse ist die Frage, ob Nahtoderfahrungen auch in islamisch geprägten Ländern auftreten. Was erleben Muslime im Sterbeprozess? Bisher sind in die Forschung nur wenige Berichte über Nahtoderfahrungen aus dem islamischen Kulturkreis eingegangen. Dies sind sieben Berichte, die der italienische Arzt Giorgio Fonzo in den 1950er und -60er Jahre sammelte, und die später zusammengefasst veröffentlicht wurden. Erstmalig wurden diese 2009 durch J. Nicolay der Öffentlichkeit in deutscher Sprache zugänglich gemacht (4, 81-84), später ebenso durch J. Long (6). Einige wenige Berichte kamen hinzu (2).

Ich möchte nun einige neuere Berichte aus dem Iran vorstellen. Durch persönliche Kontakte in den Iran war es mir möglich, Zugang zu diesen Berichten zu erhalten. Ähnlich wie im westlichen Kulturkreis werden die Erfahrungen durch die Nahtoderfahrenen als sehr persönliche und intime Erlebnisse angesehen, die weit außerhalb des alltäglichen Erlebens angesiedelt sind. Insofern gleicht die Zurückhaltung der Betroffenen, öffentlich darüber zu berichten und zu sprechen, durchaus dem Verhalten von Menschen mit diesen Erfahrungen im westlich geprägten Kulturkreis und mag im Iran, der sich als muslimisch geprägter Gottesstaat versteht, noch stärker ausgeprägt sein. Auch wenn es kein Verbot der Berichterstattung über diese Phänomene gibt, so ist die mediale Aufmerksamkeit diesen Phänomenen gegenüber im Herkunftsland wesentlich geringer als im Westen. Literatur dazu gibt es im Iran kaum. Der Iran führte zwei verlustreiche Verteidigungskriege gegen den Aggressor Irak unter Saddam Hussein. Es ist also nicht verwunderlich, dass ein Teil der Berichte von verwundeten Soldaten stammt.

Ich möchte zunächst einmal den Fall des Iraners Amir Nazeri anführen. Er war im Krieg von einer Kugel getroffen worden und wurde für tot gehalten. Er schreibt: *In dieser Zeit war ich nicht in dieser Welt, ich war in einer anderen Welt. Die Landschaften, die ich dort gesehen habe, gibt es hier nicht, auch nicht die wunderschönen Wasserquellen. Es ist wirklich sehr schwierig, die Orte, an denen ich war, zu beschreiben. Ich stand unter Gottes Segen. Ich merkte, dass irgendjemand mir diese Landschaften zeigen wollte und mich führte. Da war jemand, der mich begleitete. Dieser war wie Licht, er hatte jedoch keinen physikalischen Körper wie wir* (5).

Der Soldat spricht also davon, in einer anderen Welt gewesen zu sein, beschreibt paradiesische Regionen und die Begleitung durch ein Lichtwesen, alles Merkmale, die genauso in westlichen Schilderungen erwähnt werden.

Ich möchte an dieser Stelle auf ein weiteres Merkmal von Nahtoderfahrungen zu sprechen kommen. Trotz vergleichbarer Grundelemente ist die Ausgestaltung des Erlebten natürlich sehr individuell. Keine Nahtoderfahrung gleicht der anderen, weder in den Inhalten, noch in der Erlebnisqualität und den Nachwirkungen. Nicht selten finden wir Grauzonen, Vermischungen und Übergänge zwischen den unterschiedlichen Phänomenarten. (Bild 2)

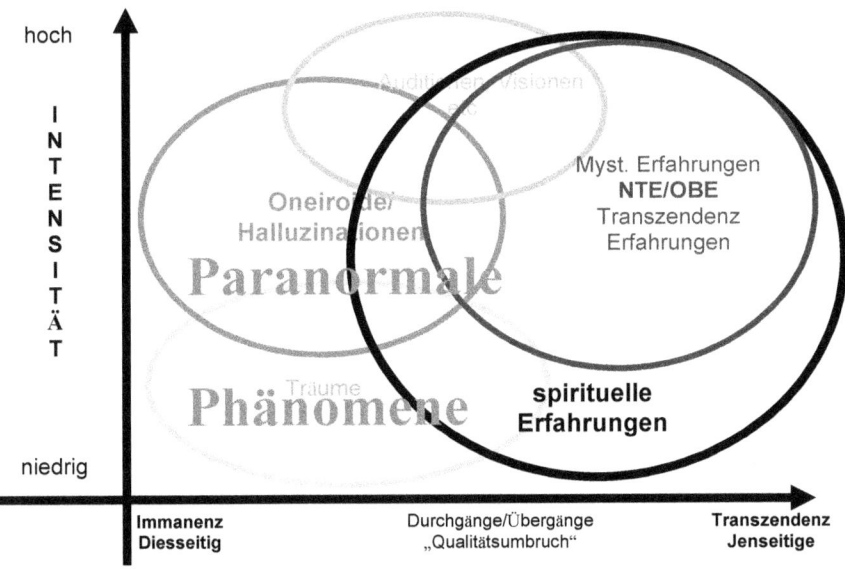

Bild 2: Übergänge und Vermischungen zwischen den unterschiedlichen Phänomenarten

So wird es nicht verwundern, dass der nachfolgende Bericht aus dem Iran den religiös-kulturellen Hintergrund deutlich werden lässt. Es ist der Bericht einer jungen Frau (bzw. einer Frau im mittleren Alter), die einen Herzinfarkt erlitten hatte.

Ich war vor meiner Heirat kein wirklich religiöser Mensch. Mein Schwiegervater aber hat mir eine neue Tür zum Islam auf gemacht. Ich war darüber so begeistert und jedes Mal, wenn ich mich bei ihm bedanken wollte, sagte er zu mir: „Du brauchst dich nicht zu bedanken, aber wenn du willst, bete nach meinem Tod einmal im Tag für mich." Mein Schwiegervater starb nach fünf Jahren, und ich tat, wie ich es ihm versprochen hatte. Es ging so weiter, bis zu jenem Tag.

Ich hatte seit einigen Tagen starkes Herzklopfen, aber da ich keinerlei Probleme mit meinem Herz hatte, nahm ich das nicht so ernst. Es war ein Donnerstagnachmittag, als ich meinen ersten Herzinfarkt erlitt. Ich fiel zu Boden. Mein sechsjähriger Sohn lief zu den Nachbarn, um dort Hilfe zu holen. Die Nachbarn verständigten dann telefonisch meinen Mann und den Notfalldienst. Nach einer ersten Untersuchung sagte das Rettungspersonal zu meinem Mann: „Sie haben Glück gehabt, es war ein Herzinfarkt, der jetzt vorüber ist. Aber ihre Frau muss sofort auf die Intensivstation."

Als die Vorbreitungen beendet waren und sie mich zum Krankenwagen bringen wollten, fiel mir mein tägliches Beten für meinen Schwiegervater ein. Ich sagte zu meinem Mann: „Erst will ich für ihn beten." Dies gefiel weder meinem Mann noch den Ärzten, aber ich bestand darauf, und mein Mann willigte ein, dass ich mein Gebet erledigte. Ich tat es, obwohl ich starke Schmerzen und ein Brennen im Herz hatte. Danach fuhren wir ins Krankenhaus. Die Ärzte dort haben mich nochmals untersucht und sagten in einem ernsthaftem Ton zu meinem Mann: „Die Frau ist am sterben, warum haben Sie sie so spät hierher gebracht? Sie begannen unverzüglich, mich zu behandeln. Das Letzte, was ich sah, waren die Tränen meines Mannes. Als ich meine Augen geöffnet habe, sah ich mich über meinen Bett. Es war vergleichbar dem Gefühl, als wenn man in einem Riesenrad nach oben fährt, jedoch mit der Unterschied, dass ich in nichts eingestiegen war und schwebte wie eine leichte Feder nach oben. Ich schaute nach unten und sah mich auf dem Krankenbett, wo viele Kabel und Geräte an mir angeschlossen waren. Ich sah die Ärzte und Krankenschwestern, die um mich liefen. Ein paar Meter entfernt hinter dem Fenster sah ich meinen Mann, der weinte und vor sich hinflüsterte: „Mein Gott, lass' sie bitte am Leben." Es tat mir weh, das anzusehen, und ich schrie ganz laut: „Sirus (der Name ihres Mannes M.L.), ich bin hier...". Aber er sah und hörte mich nicht, und es war auch in diesem Augenblick, als ich sah, dass einer der Ärzte zu ihm ging und sagte: „Tut mir leid, es ist aus." Es hat mir wahnsinnig Leid getan, als ich Sirus so laut weinen hörte. In diesen Augenblick habe ich verstanden, dass ich tot bin. Das Letzte, was ich da im Zimmer sah, war, dass einer der Ärzte seinen Kollegen laut zurief: „Es gibt vielleicht doch noch Hoffnung!"

Danach fuhr ich schneller zum Himmel, bis ich an eine Stelle ankam, wo ich empfand, dass ich zunächst nicht höher steigen darf. Etwa in 10- 20 Meter Entfernung sah ich vier Personen, die auf mich zukamen, und mich weiter zum nächsten Himmel bringen wollten. Aber es war so, als ob sie sich ihrer Arbeit nicht ganz sicher waren. Ich war so froh und glücklich, dass ich immer weiter nach oben schweben wollte. So wandte ich mich an die vier Personen (Ihr Gesicht war in einer Hülle aus Licht aufgelöst) und sagte flehend: „Warum wartet ihr? Warum bringt ihr mich nicht weiter nach oben?" Dann zeigten alle vier Personen, ohne ihre Gesichter zu zeigen und auch ohne etwas zu sagen, mit ihren Händen auf eine Ecke im Himmel. Dort saß eine weitere Person und war dabei, im Koran zu lesen. Ich habe ihr Zeichen so gedeutet, dass meine weitere Reise nach oben erst nach seiner Zustimmung geschieht. Ich schwebte zu ihm und fragte: "Warum erlauben Sie nicht, dass sie mich weiter nach oben bringen?" Der Mann war so sagenhaft friedlich und ruhig, er hob seinen Kopf, küsste den Koran und als er mich mit einem hoffnungsvollen Lächeln ansah, erkannte ich ihn. Es war mein Schwiegervater. Es war mir so, als wenn man auf der Erde plötzlich nach langer Verzweiflung eine mächtige Beziehung findet! Ich sagte fröhlich zu ihm: "Lieber Papa, bitte sagen sie den Leuten, sie sollen mich weiter nach oben bringen, ich habe doch alles getan, was sie von mir wollten!" Er streichelte meinen Kopf und sagte: „Ja, ich weiß meine Tochter... und genau deswegen möchte ich nicht, dass du nach oben kommst...es ist doch zu früh, du hast noch eine Menge zu tun da unten, deshalb musst du zurück."

Danach sah ich mich auf dem Krankenhausbett und habe gehört und gesehen, wie die Ärzte und die Krankenschwester ganz fröhlich zu Sirus gingen und ihm mitteilten, dass ich wieder lebe.

Eine Analyse dieses Berichtes fördert folgende Elemente zu Tage, die sich auch in westlichen NTE finden: Die Außerkörperliche Erfahrung mit realitätsgerechten Beobachtungen, die Überzeugung, gestorben zu sein, das „Auffahren" in eine andere Dimension, die Begegnung mit mystischen Wesen, das Gefühl des Glücks, die Begegnung mit dem verstorbenen Schwiegervater, das Aufzeigen einer Grenze und die Rückkehr. Zugleich wird aber auch die religiös-kulturelle Prägung deutlich: In der Begegnung mit dem Schwiegervater liest dieser im Koran und nicht in der Bibel oder in einem sonstigen heiligen Buch.

Ich habe 14 Berichte aus dem islamischen Kulturkreis auf das Auftreten der Kernelemente untersucht (Bild 3). Es wird erkennbar, dass die Unterschiede zu westlichen Erfahrungsberichten kaum ins Gewicht fallen. Die Häufigkeit des Auftretens der einzelnen Elemente mag von anderen Studien abweichen, dies ist aber auch in westlichen Studien nicht anders.

Außerkörper-/Schwebeerlebnis	10
Tunnelerlebnis	2
Gefühle von Frieden und Ruhe	4
Paradiesische Landschaften	3
Himmlische Musik	-
Begegnung mit Verstorbenen, Lichtgestalten	9
Begegnung mit dem Licht (- wesen)	5
Lebensfilm	2
Die Grenze oder Schranke, Rückkehr	3
Neue Sicht des Todes	2
Veränderte Wertevorstellungen	1
Erhöhte intuitive Sensitivität	-
negative Erfahrung	1

Bild 3: Kernelemente in 14 Berichten aus dem islamischen Kulturkreis

Raymond Moody hatte drei Kernelemente einer Nahtoderfahrung identifiziert, die außerhalb des eigentlichen Erlebnisses angesiedelt sind. Dazu gehören die empirisch vielfach nachgewiesenen Nachwirkungen („Folgen im Leben") einer NTE. Gibt es hier Unterschiede? Die meistem Berichte geben dazu keine Auskunft oder deuten dies nur an. Dennoch liegt ein Bericht vor, der die Nachwirkungen einer Nahtoderfahrung in Form eines Interviews zum Inhalt hat. Ähnlich wie in dem oben geschilderten Fall ist es die Nahtoderfahrung eines Mannes nach einem Herzinfarkt. Eine Krankenschwester berichtet über das, was der Patient ihr erzählt habe. Offensichtlich führte sie auch ein Gespräch mit dem Patienten nach der Genesung. Einige Auszüge daraus:

Ich: Was meinen Sie, welche Botschaft beinhaltete diese Wiederkehr für Sie?
Nazemi: Sei ein guter Mensch, lebe gut, benimm dich gut ... und wenn jemand nicht an ein Leben nach dem Tod glaubt, so kann ich ihm jetzt das Gegenteil beweisen! Ich muss auch sagen, dass meine Kollegen und Freunde grundlegende Änderungen an mir feststellen konnten. Ich war für sie ein Zeichen für die Macht Gottes!

Ich: Was denken Sie, warum gerade Sie diese Erfahrung durchmachen mussten und nicht die Anderen?
Nazemi: Den genauen Grund weiß ich nicht. Aber vielleicht, weil ich in meinem ganzen Leben versucht habe, niemanden zu ärgern und was Schlechtes zu wünschen. Wenn ich jemandem half, dann tat ich dies ohne Aufsehen.

Ich: Wie war Ihre Ansicht zum Tod vor Ihrer Erfahrung und wie hat sie sich nachher geändert?
Nazemi: Vor meinem Erlebnis fürchtete ich den Tod sehr. Ich weiß noch, jedes Mal wenn ich in den Friedhof ging, hatte ich große Angst, in ein Grab zu schauen oder eine Leiche anzusehen. Aber glauben Sie mir, wenn ich jetzt neben zehn Leichen schlafen sollte, würde ich es problemlos machen. Jetzt sehe ich den Tod ganz anders als zuvor. Tod ist ein Geschenk Gottes an seine Geschöpfe!

Ich: Möchten Sie diese Erfahrung noch einmal erleben?
Nazemi: Ich möchte sehr gern dem hübschen Wesen noch mal begegnen und alles noch einmal erleben.

Ich: Wie hat sich Ihre Vorstellung vom Gott nach diesem Erlebnis geändert?
Nazemi: Ich liebe ihn jetzt viel, viel mehr als vorher und zugleich auch fürchte ich ihn mehr. Ich spreche jetzt viel mehr mit ihm als zuvor, ich habe ihn immer vor meinen Augen. Selbst wenn ich Auto fahre oder lese oder esse, wiederhole ich immer diesen Satz: „Keine Macht ist so groß, wie die von Gott."

Ich verabschiede mich von ihm. Dabei steht ein Satz von Iliam, den ich in dem Buch "Der wahre Traum?" gelesen habe, vor meinen Augen: "Und sie, die Lebenden, werdet befruchtet vom lebendigem Licht. Versorgt das göttliche Kind in euch und seid bereit für die Entbindung von euch selbst. Wartet auf die Geburt des Göttlichen in euch."

Dieser Bericht macht deutlich, dass die spirituellen Nachwirkungen und der ethische Gehalt einer Nahtoderfahrung bei einem Menschen muslimischen Glaubens vergleichbar dem eines Menschen aus dem westlichen Kulturkreis sein können: Die Überzeugung von der Existenz einer transzendentalen Wirklichkeit, einer göttlichen Macht, der Verlust der Angst vor dem Tod, der Sinnhaftigkeit des Lebens.

Stirbt der Muslim anders als der Christ?

Dies war die Ausgangsfrage. Es ist nicht die Frage nach den medizinischen Umständen, sondern nach der religiös-spirituellen Erlebnisdimension in Todesnähe. Zunächst einmal muss vermutet werden, dass die Unterschiede gar nicht so groß sein können, da die Jenseitsvorstellungen des Christentums und des Islam als abrahamitische Religionen viele Gemeinsamkeiten aufzeigen. Beiden ist gemeinsam der Glaube an einen Gott, an die Vergänglichkeit der irdischen Dimension, an eine Zukunftshoffnung nach dem Tod, an Verdammnis und Hölle, an ein Paradies und ewige Glückseligkeit, an ein letztes Gericht. (Bild 4). Wie im Christentum sind die Ausprägungen dieses Glaubens vielfältig. Neben den Lehren des Koran gibt es darüber hinaus noch eine Fülle an Überlieferungen (die Sunna), die für eine reiche Tradition an Zukunftshoffnungen sorgen. Hölle und Paradies werden sehr sinnlich beschrieben. All dies ist im Christentum nicht viel anders. Auch hier kennen wir eine reiche Volksfrömmigkeit aus der Vergangenheit mit sinnenhaften Bildern christlichen Glaubens, die insbesondere in der (Volks-)Kunst ihren Ausdruck fand.

	Christentum	Islam
Gottesvorstellungen	Dreieiniger Gott	Der eine Gott
Jesus/Mohammed	Jesus: Doppelnatur: wahrer Mensch und wahrer Gott	**Mohammed:** Mensch/Prophet
Offenbarung	Bibel: von Gott inspirierte Sammlung von Schriften	Koran: unverfälschte, authentische Offenbarung
Tod und Weltenende	Tod = Folge der Sünde **Individuum:** Unsterbliche Seele trennt sich im Tod vom verweslichen Leib **Ende der Zeiten:** verwandelte Schöpfung	**Individuum:** Ende des diesseitigen Lebens; Trennung von Leib und Seele, Ortswechsel, Zwischenzustand **Ende der Zeiten:** kosmische Katastrophe, 2. Schöpfung
Auferstehung / Endgericht	Nur **ein** diesseitiges Leben Verwandelte körperliche Auferstehung der Toten; Heil- Ganzsein Jüngstes Gericht: Maßstab: Liebe und Vergebungsbereitschaft Gottes	Nur **ein** diesseitiges Leben Zwischengericht/Verhör Auferstehung aller Menschen Endgericht: Buch/Waagschale
Das Paradies	Ewiges Leben Himmel: Sein bei Gott, Anschauung Gottes	eigens geschaffen für die Gläubigen Dauert ewig, sinnliche Freuden, „Sonderstatus" des Glaubenskriegers
Das Purgatorium Die Hölle	Läuterung, Entwicklungsmöglichkeit Ewige (?) Verdammnis, Gottesferne	A'rafâf (Zwischenzustand, neutral) Dauert ewig, sinnliche Qualen

Bild 4: Eschatologische Vorstellungen im Christentum und im Islam

Eine Vergleich der Erlebnishalte muss also beides im Blick haben: sowohl die religiös-theologischen Lehren/Dogmen als auch die volksreligiös geprägten Vorstellungen. Es darf angenommen werden, das letztere für die Erlebnisinhalte prägender sein dürften als dogmatische Lehren. Wie sieht dies nun mit den berühmten 77 Jungfrauen aus, die dem gläubigen Krieger verheißen sind, wenn er sein Leben im Kampf gegen die Ungläubigen lässt? Im Koran heißt es: „Und sagt nicht von denen, die um der Sache Allahs willen getötet werden, sie seien tot. Sie sind vielmehr lebendig im Jenseits." (Sure 2,154). Wer also im Kampf für Allah gestorben ist, kommt direkt ins Paradies. Und da dieses ein im wahrsten Sinn des Wortes sinnenreicher Garten ist, ermöglicht er auch die mystische Vereinigung mit den Paradiesjungfrauen (Sure 52,20; 56,22.35-37), (9). In den vorliegenden Berichten finden wir sie allerdings nicht vor. Und was ist mit denen, die eines normalen Todes sterben? Der Koran denkt sich die Seele zunächst in einem traumlosen Schlaf; ihr Aufenthaltsort ist die Nähe Allahs bis zum Endgericht am Jüngsten Tag. In den Überlieferungen wird dieser Zwischenzustand sehr blumig ausgemalt und ist von verschiedenen Prüfungen geprägt - wie überhaupt das Gerichtsmotiv im Islam sehr dominant ist.

Das Datenmaterial hinsichtlich der Auswertung von NTE im muslimisch geprägten Kulturkreis ist aus wissenschaftlicher Sicht natürlich spärlich. Insgesamt sind es lediglich etwas mehr als ein Dutzend veröffentlichter Berichte. Diese insgesamt geringe Anzahl der Erfahrungsberichte, eine unsichere Quellenlage und weitgehend unbekannte oder nicht überprüfbare Rahmenbedingungen der Erlebnisse erlauben keine endgültigen Schlussfolgerungen und detaillierten Vergleiche zu Berichten aus dem westlichen Kulturkreis. Dennoch deuten die vorhandenen Berichte darauf hin, dass diese Erfahrungen viel häufiger sind, als die aktuelle Datenlage dies zunächst vermuten lässt. Es wäre verfehlt, diese Berichte für die Nahtod-Forschung als wertlos zu betrachten, sondern sie verdienen Beachtung.

Zusammenfassung

Die Berichte und deren Vergleich mit Berichten aus dem christlich-westlichen Kulturkreis stützen die These, dass die Kernelemente dieser Erfahrungen und diesen innewohnende Sinndimensionen unabhängig von soziokulturellen und biographischen Voraussetzungen sind. Zugleich wird die Ausgestaltung und Prägung der Erlebnisinhalte und deren persönliche Deutung aus dem islamisch-schiitisch geprägten, iranischen Kulturkreis heraus deutlich. Sie zeigen ein hohes Maß an symbolischen und religiös-kulturell geprägten Bildern. Dies ist in den westlichen Berichten nicht anders. Ihr spiritueller und ethischer Kerngehalt verweist auf eine andere Wirklichkeit und die Erfüllung tiefster Wünsche des Menschen: es ist die Sehnsucht nach Liebe, Geborgenheit, Angenommensein, nach Wahrheit, Weisheit, Schönheit und Gerechtigkeit in einer anderen Wirklichkeit, die nach dem Tod erwartet wird. Es ist die erneute Begegnung mit Menschen die mich geliebt und die ich geliebt habe. Dies ist das Hoffnungsszenario, das wir in den Berichten vorfinden. Sie nehmen insofern menschliche Sehnsüchte, Sinnfragen und Erwartungen auf, wie sie auch in den eschatologischen Vorstellungen der anderen großen Weltreligionen zum Ausdruck kommen.

Es ist bemerkenswert, dass in den vorliegenden Berichten nicht ausdrücklich von bedingungsloser Liebe und Angenommensein durch ein göttliches Lichtwesen berichtet wird - oder gar die Verschmelzung mit diesem - wie wir das in westlichen Berichten in stark mystisch geprägten Erfahrungen finden. Es wird gelegentlich indirekt angedeutet. In dem o.a. Bericht hieß es an einer Stelle: „Ich stand unter Gottes Segen." Wir finden dort also nicht den strengen Richter des islamischen Gottesbildes vor, der das Instrument der „zeitlichen Bewährungsstrafe" nicht kennt, sondern nur die Pole Hölle oder Paradies, aber genauso wenig einen „Kuschelgott". Wenn wir das Bild des Paradieses nicht als Schlaraffenland, sondern als Metapher für das Endziel tiefster menschlicher Sehnsucht verstehen, dann stirbt der Muslim nicht anders als der Christ. Wenn wir das Bild der Hölle nicht als ewige Verdammnis und mittelalterliche Folterwerkstatt verstehen, sondern als Ausdruck unserer Sehnsucht nach Gerechtigkeit, dann stirbt der Muslim nicht anders als der Christ. Die Formen der Trauer und Trauerbewältigung bei den Hinterbliebenen sind jedoch kulturell deutlich unterschieden.

Literatur und sonstige Quellen

2. Journal of Near-Death Studies, AE7 29(1) 239-300 (2010)
3. Journal of Near-Death Studies, AE7 28(2) 65-120 (2009)
4. Nicolay, J., Nahtoderfahrungen im Vergleich der Kulturen, in: Serwaty, A / J. Nicolay, J. (Hg), Nahtoderfahrung – Neue Wege der Forschung, Santiago, 2009
5. Serwaty, A. / Lavasani, Majid, Erfahrungsberichte aus dem islamischen Kulturkreis, in: Serwaty, A / Nicolay, J. (Hg.), Impulse für das Leben aus Nahtoderfahrungen, Santiago, 2012
6. Long/Perry/Ogbeiwi, Beweise für ein Leben nach dem Tod: Die umfassende Dokumentation von Nahtodeserfahrungen aus der ganzen Welt, Goldmann, 2010
7. Engmann, B., Mythos Nahtoderfahrung, S. Hirzel Verlag, 2011
8. Waardenberg, J., „Leben verlieren" oder „Leben gewinnen" als Alternative in Prophetischen Religionen, in: Gunther Stephenson (Hg.), Leben und Symbol in den Religionen. Symbol und Wirklichkeit, Darmstadt, 1980
9. Antes, P. Jenseitsvorstellungen im Islam, in: Christopf Breitsameter (Hg.), Christliche Eschatologie im Kontext der Weltreligionen
10. Moody, R., Leben nach dem Tod. Die Erforschung einer unerklärlichen Erfahrung, Rowohlt Taschenbuch Verlag, Reinbeck, 2004
11. Knoblauch, Hubert, Soeffner, Hans-Georg (Hg), Todesnähe. Interdisziplinäre Zugänge zu einem außergewöhnlichen Phänomen, Konstanz
12. Nicolay, J. Nahtoderfahrungen. Eine Herausforderung für die Theologie? in: Lachner, R / Schmelter, D. (Hg.), Nahtoderfahrungen - Eine Herausforderung für Theologie und Naturwissenschaft
12. Greyson, B. The Near-Death Experience Scale: Construction, reliabilty, and validity, in Journal of Nervous and Mental Disease 171 (1983/6) 369-375
13. Lommel, Pim van, Endloses Bewusstsein. Neue medizinische Fakten zur Nahtoderfahrung, Ostfildern, 2011
14. Zhi-Ying, Feng / Jian-Xun, Liu, Near-Death Experiences among Survivors of the 1976 Tangshan Earthquake, in: Journal of Near-Death Studies 2 (1992/1) 39-48

WWW im 21. Jahrhundert: Wird Wissenschaft Weisheit?

Raymond Saerens
Dozent für Anatomie und Physiologie, Katholische Hochschule Sint-Lieven,
St.-Niklaas (B), IANDS – Belgien: Limen

Einleitung

Im Laufe der Zeit haben viele verschiedene Kulturen unterschiedliche Aspekte unserer menschlichen Erfahrung betont, die Welt, d.h. den Kosmos oder das Universum, zu erklären.

Für traditionelle Schamanen ist die direkte Erfahrung und das angeborene Gefühl, dass wir ein Faden in einem immensen Lebensnetz, dem Kosmos sind, der richtige Weg zum Verständnis.

Für den Mystiker vieler religiöser Traditionen sind intuitive und spirituelle Offenbarungen (wie Visionen oder außerkörperliche Erfahrungen), die sie in Kontakt mit vielen Wundern bringen, die richtigen Wege, um einen Einblick in den kreativen Zweck des Kosmos zu gewinnen.

Für (Natur-)Wissenschaftler besteht der richtige Weg im logischen Denken: Es ist die Schatztruhe, die uns kosmisches Wissen eröffnet.

Dieser dritte Erkenntnisweg wurde von uns die letzten drei Jahrhunderte zunehmend beschritten *(Jude Currivan, Kosmologin, GB)*.
Vor dreihundert Jahren wurde eine Revolution in der Art und Weise, wie die Menschheit die Welt kollektiv „wahrnahm", dadurch entfesselt, dass der französische Philosoph *René Descartes (1596-1650)* streng wissenschaftliche Methoden einführte und damit die Beschreibung der physischen Welt von der Vormundschaft der römisch-katholischen Kirche befreite.

Bis zu diesem Zeitpunkt hatten fast alle Philosophen ihre Beobachtungen in der Natur mit ihren intuitiven Einsichten und Spekulationen kombiniert. Mit der Geburt der wissenschaftlichen Methodik durch Descartes begannen ihre Pioniere, mit der sie umgebenden materiellen Welt zu experimentieren, um ihre Theorien „auf Funktion" zu *testen*. Diese Methodik strebt nach größtmöglicher Objektivität und erfordert, dass erzielte Ergebnisse erst von anderen wiederholt (reproduziert) werden, bevor sie als gültig betrachtet werden.
Der Grundprämisse ist, dass jeder messbare Aspekt in dieser Welt auf seine Grundbausteine *reduziert* werden könnte. Dies sollte zu einer tieferen Kenntnis der ultimativen Struktur und auch des Universums führen.

Seit *Isaac Newton (1643-1727)* und den von ihm erkannten Naturgesetzen beschrieben wissenschaftliche Entdeckungen in zunehmender Weise eine atemberaubend geordnete Welt, die wie eine riesige komplexe Maschine zu funktionieren schien.

Obwohl viele wissenschaftliche Pioniere dahinter die leitende Hand eines Schöpfers sahen, hatte damit die grundlegende Trennung von Wissenschaft und Religion begonnen. Das Vorhandensein eines Schöpfers oder eines „höheren Bewusstseins" wurde beiseite geschoben. Nur in sehr schwierigen Situationen besann man sich wieder darauf.

Der Anfang des 20. Jahrhunderts wurde von einer zweiten wissenschaftlichen Revolution begleitet durch die Entdeckung der Quanten-Welt und eines relativistischen Universums. Das Bild einer Welt „isolierter Materialien" wurde durch eine Welt eng miteinander verwobener, letztlich *unsichtbarer* „Energiefelder" verdrängt. Obwohl diese – mittlerweile etwa ein Jahrhundert alte – Revolution die mechanistische Weltsicht ersetzt hat, führte auch sie nicht zur Anerkennung einer anderen, ebenso *unsichtbaren* Komponente, dem Einfluss des Bewusstseins.

Das Paradigma eines materialistischen Universums mit wenig oder gar keinem Spiritualität blieb aus Sicht der westlichen Gesellschaft und der meisten Wissenschaftler unbeirrbar bestehen. Doch das Konzept eines realen „Geistes" war nicht das einzige Opfer der progressiven, modernen Welt mit materiellem Wohlstand. Die Erfahrungsweisheiten vieler alter Völker wurden genauso marginalisiert wie die Vorstellungen bedeutender Philosophen der Antike.

Auf jede Form intuitiven und emotionalen Bewusstseins wurde zunehmend von oben – oft spöttisch – herabgeblickt und von der modernen Welt kaum beachtet.

Nun aber scheint allmählich eine erneute Revolution eingeleitet zu werden. Es ist die um das Verständnis unseres Bewusstseins.

Ein Jahrhundert voll intensiver Suche nach Beweisen dafür, dass das Phänomen Bewusstsein eine quasi mechanische Auswirkung des Gehirns sei, ergab keine vernünftigen Ergebnisse. Zwar sind durchaus viele Wissenschaftler zufrieden mit der Entwicklung von Anwendungen, die auch zahlreiche verblüffende Erkenntnisse der modernen, aber reduktionistischen Wissenschaft liefern. Mehr und mehr jedoch erkennen Forscher, dass das vorherrschende Paradigma des wissenschaftlichen Materialismus tatsächlich nur eine äußerst unvollständige Wahrnehmung des Kosmos sein kann. Auch fangen sie an zu sehen, dass die wachsende Zahl von Anomalien in ihrem Weltbild, von nicht übereinstimmenden Theorien und Hypothesen, die überdies nur einen minimalen Anteil der beobachteten Phänomene erklären, offensichtlich einen radikal neuen Blick erforderlich macht, um zu erkennen, wie die Welt wirklich funktioniert und warum sie funktioniert. Der materialistisch-reduktionistische Ansatz hat uns bisher in unserem Streben nach Erkenntnis der physischen Welt zwar durchaus weit gebracht, aber seine inhärenten Beschränkungen verhindern, dass wir zu einem tieferen und mehr umfassenden Bild ihres Wesens und ihrem Zweck kommen.

Zum ersten Mal in der menschlichen Geschichte sind die Erkenntnisse und Weisheiten von vielen verschiedenen Kulturen wieder zugänglicher für uns. Wir beginnen, die ruhenden Prinzipien, die alle Traditionen gemeinsam haben, besser zu verstehen und sie mit neuen Weisheiten, die die Frucht der Arbeit von Pionieren auf dem Gebiet ganzheitlicher wissenschaftlicher Sichtweisen und ihrer Ergebnisse sind, zu versöhnen.

Die Menschen haben Entdeckungen gemacht und direkte Erfahrungen erlebt, die ihre Wahrnehmung der Welt und damit auch ihre „Realitäten" transformiert haben. Einige stießen jedoch in der Anwendung wissenschaftlicher Methoden auf Abweichungen (Anomalien), für die das herrschende Paradigma einfach keinen Platz ließ. Andere wurden von der Wiederentdeckung alter Weisheiten, die so lange als „häretisch" (ketzerisch) oder auch als „naiv" gebrandmarkt wurden, regelrecht angezogen. Und noch andere schoben die oft implausiblen Dogmen der institutionalisierten Religionen beiseite und begannen, ihren eigenen Wegen zur inneren Sicht und Erfahrung zu folgen. Wir sind bisher in unser Studium der Welt ein gutes Stück weit fortgeschritten. Doch zugleich sind wir im Prozess der Erkenntnis fragmentiert; denn wir haben unsere Seele desintegriert, indem wir unseren Verstand von Herz und Seele getrennt haben.

Konventionelle und moderne Wissenschaft: Wissen, Weisheit, Wahrheit und Wissenschaft

Herkömmlicher Ansicht nach besteht die Wissenschaft aus dem systematischen menschlichen Wissen und dem Prozess, zur Erkenntnis zu gelangen. Wissenschaft ist organisierte Erkenntnis der Wirklichkeit. Ihre Ideale sind Objektivität und Universalität. Es gibt ein ständiges Bemühen, Meinungen und Hypothesen zu testen und zu Wissenschaft zu erheben. In den Wissenschaften strebt man danach, einen soliden Kenntnisstand aufzubauen. Die Wissenschaft hat den Auftrag, neue Erkenntnisse und insbesondere grundlegende Kenntnisse zu produzieren. Neben ihrer Aufgabe, neue Beziehungen in der Welt zu entdecken und zu entwickeln – man spricht auch vom sogenannten Kontext der Entdeckung – muss Wissenschaft auch zeigen, dass sie wirklich auf einem solchen Kenntnisbestand bauen kann. Behauptete Zusammenhänge müssen rechtfertigt werden, um so als „wissenschaftlich wahr" legitimiert zu werden und damit für die Aufnahme in die einschlägige Wissensbasis geeignet sind. „Wissenschaftlich wahr" bedeutet dabei nicht notwendigerweise „absolut wahr", sondern eher für eine plausible Erklärung „nützlich" (*Gary Zukav, USA, 1981*). Die wissenschaftlichen Forschungsmethoden mit ihrem objektiven Beobachterstatus haben seit dem 18. Jahrhundert grandiose Erfolge ergeben. Dies hat zu einem absoluten Glauben an dieses Vorgehen geführt, was zu einer Art „Gelöbnis-Materialismus" führte, was soviel heißen soll, wie dass alles durch diese reduktionistisch-materialistische Vorgehensweise schließlich zumindest irgendwann erklärt werden könne. Das Studium des menschlichen

Geistes verlief auch auf diese Weise. Aber die gänzlich abstrakte Natur von Bewusstsein und Geist scheint sich *nicht* über diesen Pfad erkennen zu lassen. Deshalb gibt es heute enorme Turbulenzen in der Neurologie, der Psychiatrie und in der Psychologie, besonders was die Erforschung von Bewusstsein, Persönlichkeitsstörungen oder gar von paranormalen Phänomenen betrifft, u.s.w.

Erfreut über ihre Erfolge waren die alten Physiker dennoch im Irrtum: sie entwickelten Gesetze, die verschiedene Dinge steuerten und stellten dann fest, dass einzelne, dafür notwendige Dinge gar nicht existieren (Ken Wilber, USA, 2006). Der amerikanische Nahtodforscher Bruce Greyson sagt: „Wir haben keinen objektiven Maßstab, um festzustellen, ob etwas real ist oder nicht. Wir können es nur wissen durch die Auswirkung auf uns (auch subatomare Teilchen können nur durch ihre Effekte bestimmt werden)".

Die Wissenschaft gründet seit über 300 Jahren auf zwei falschen Annahmen:
1. Alles ist von allem getrennt, und Zufall ist die Basis von allem.
2. Unsere innere Erfahrung (Denken, Fühlen, unser Gefühl, der Glaube, ...) hat keine (unmittelbare) Auswirkung auf die Welt außerhalb unseres Körpers.

Die Entwicklung und der sehr hohe Wissensstand vergangener Zivilisationen beruhten nicht auf dieser Art des Denkens. Sie gründeten gleichermaßen auf der Praxis von Wissenschaft, Philosophie, Theologie und auch dem spirituellen Empirismus. In den alten Mysterien-Schulen von *Plato (427-348 v.Chr.)* und *Pythagoras (570-510 v.Chr.)* wurden Schüler der Weisen in die Erkenntnis der perfekten harmonischen Natur des Universums eingeführt und lernten, dass Zahlen und Geometrie fundamentale Manifestationen des Schöpfers sind.
Die Begründer dieser Schulen wurden „*Mathematekoi*" genannt, ein Wort, das Verständnis und Bewusstsein von allem im Kosmos einschloss. Obwohl sie die einfachsten Werkzeuge verwendeten, um geometrische Formen zu erstellen, waren sie geistige Erben der älteren Weisheit der alten Ägypter und Chaldäer (Jude Currivan, 2007). Trotz eines Jahrhunderts intensiver Forschung haben die Neurowissenschaftler mit dem konventionellen Ansatz nicht den geringsten überzeugenden Beweis erbringen können für die Richtigkeit der Annahme, dass Bewusstsein nur ein „Produkt" der neurophysiologischen Prozesse in unserem Gehirn ist. Das Gegenteil scheint mehr und mehr offensichtlich.[2]
Die herkömmliche Psychologie behauptet wissenschaftlich zu sein. Tatsächlich besteht daran auch wenig Zweifel. Aber ihr ursprünglicher Zweck, „das Studium des Geistes", wird durch ihre exakte wissenschaftliche Methodik gleichsam mit dem Bade ausgeschüttet. Durch die Erfolge medizinischer Bildgebung des Gehirns[3] und einer schier euphorischen „Neurobiologisierung" der Psyche, ist

---

[2] Überzeugende Argumentationsketten finden sich in der Vortragsreihe von Prof. Dr. Walter van Laack mit dem Titel: „Wie kommt der Geist ins Gehirn?" sowie in seinen Büchern.

[3] z.B. fMRI = functional Magnetic Resonance Imaging, zu deutsch: funktionelle Kernspintomographie

daraus das Studium von Verhalten, Anatomie, Chemie und Neurobiologie geworden. Selbst Professoren der Psychologie fordern inzwischen jedoch zur Befreiung der Psychologie vom „Gehirnmythos" auf. Die italienischen Neurowissenschaftler Enrico Facco und Christian Agrillo warnen vor der leichtfertigen Ignoranz transzendenter und geistiger Aspekte von Nahtoderfahrungen (2012). Die Psyche ist *subjektiv* und kann niemals durch objektive Mittel gemessen werden. Der Geist muss erkundet werden, und dies kann nur durch Erlebnis geschehen, durch das introspektive Erlebnis. Natürlich müssen daneben auch die grundlegenden Elemente wissenschaftlicher Methodik Eingang finden. Scharfe Grenzziehungen (Injunktion) sind dagegen abträglich. Um spirituelle Erfahrungen zu erforschen, muss das Studium von menschlichem Geist und Bewusstsein zu einer Art „Geistkunde" werden, eine neue wissenschaftliche Disziplin, die frei von Vorurteilen und frei von dogmatischem Glauben ist.

Im traditionellen wissenschaftlichen Ansatz wurde gedacht, alles durch eine materialistisch-reduktionistische Analyse zu erklären. Dieser Reduktionismus hat sicher erfolgreiche Ergebnisse eingebracht, aber nun auch zu einer neuen, überraschenden Erkenntnis geführt: Die Wiederentdeckung des Bewusstseins.

Neue Wissenschaft

Physiker beschreiben routinemäßig das Universum als aus winzigen subatomaren Teilchen bestehend, die sich durch Kraftfelder anziehen und abstoßen. Sie nennen dieses Forschungsbereich „Teilchenphysik" und zu ihren Instrumenten gehören heute „Teilchenbeschleuniger". Sie arbeiten mit einem Lego-ähnlichen Modell der Welt. Aber diese Vision fegt eine wenig bekannte Tatsache der Quantenphysik unter den Teppich: die Teilcheninterpretation sowie die Feldinterpretation der Quantenphysik fordern unsere konventionellen Vorstellungen von „Teilchen" und „Feld" so weit heraus, dass mehr und mehr Leute schon glauben, die Welt bestehe aus etwas ganz anderem (August Sciam, 2013). Mit jeder neuen Beobachtung werden neue Gebiete erschlossen, neue Kenntnisse und Einsichten erworben und neue Erfahrungen gesammelt. (Ken Wilber, 2006)

Die moderne ganzheitliche Wissenschaft beginnt, auch Fenster zu öffnen auf die Dimension jenseits von Zeit und Raum, was uns einen Einblick gibt in das Bewusstsein als den (eigentlichen) Schöpfer des manifesten Universums.

Henry Stapp sagte einmal: „Ein Elementarteilchen ist eine Einheit, die nicht in sich selbst existiert, nicht zu analysieren ist. Im Wesentlichen ist es eine Anordnung von Beziehungen, die sich auf andere Dinge erstrecken."

Gary Zukav schreibt: „Ein subatomares 'Teilchen' ist kein 'Ding.'" (Wir können Ort und Impuls nicht gleichzeitig feststellen). Vielmehr ist ein subatomares 'Teilchen' (Quant) ein Zwischenprodukt, bestehend aus einer Anzahl von Beziehungen."

Das war sehr unangenehm für die Physiker; denn ihr wichtigstes Instrument war doch das Lineal der wissenschaftlichen Messung, Zählen, Abgrenzen. Die Tatsache, dass diese fundamentalen Teilchen überhaupt nicht gemessen werden konnten, wurde zur Heisenberg'schen Unschärferelation und bildete den letzten Sargnagel für die klassische Physik.

Eine zentrale Tatsache kann aus der Vertiefung unseres Verständnisses des vergangenen Jahrhunderts destilliert werden; eine Tatsache, worüber sich die Pioniere der modernen Wissenschaften und Weisheitslehren vieler Traditionen einig sind: Überall im Universum kommt Bewusstsein als *eine Art Energie* zum Ausdruck. Alle Energien manifestieren sich als Wellen, und von dem immensen und ständig wechselnden Zusammenspiel all dieser Energie-Wellen wird das gesamte Universum kontinuierlich, im ganzen Umfang und auf allen Ebenen der Existenz, einschließlich uns selbst geschaffen.

Die Einsicht von Plato – bereits 2500 Jahre alt – erinnert sehr an die multidimensionalen Eigenschaften des Bildes des Kosmos, dass die sog. M-Theorie skizziert, worin das, was wir für „Realität" halten, vielleicht eine gigantische und komplexe holographische Projektion ist.

Daniel Dennett und Susan Blackmore dagegen behaupten, dass das Bewusstsein eine Illusion ist, die durch das Gehirn verursacht wird. Wie aber kann eine Illusion nachweisbare Veränderungen in der Struktur und Funktion des Gehirns verursachen, so wie das für Bewusstsein inzwischen nachgewiesen ist (Neuroplastizität) ?

Wissenschaftler fordern Beweise vor jeder Aussage. Ein „Beweis" gibt keine Sicherheit, dass eine Behauptung 'wahr' ist (dass dies also die Weise ist, wie die Welt wirklich ist). Ein wissenschaftlicher 'Beweis' zeigt mathematisch, dass die fragliche Behauptung logisch konsistent ist. Im Bereich der reinen Mathematik braucht eine Behauptung keine Akzeptanz durch Erfahrung zu haben. Wenn sie mit einem internen konsistenten „Beweis" einhergeht, wird sie akzeptiert. Wenn nicht, wird sie abgewiesen. Das gleiche gilt für die Physik. Sie fordert, dass eine Behauptung durch eine physische Realität bewiesen werden kann. Doch zwischen „Wahrheit" eines wissenschaftlichen Anspruchs und der Natur der Wirklichkeit klaffen oft große Lücken. Diese Verbindung ist nicht zwingend da. Wissenschaftliche „Wahrheit" hat nicht zwingend etwas mit der Realität zu tun. Eine wissenschaftliche Aussage ist wahr, wenn sie in sich stimmig ist und mit der Erfahrung genau korreliert (Ereignisse prognostiziert). Wenn ein Wissenschaftler behauptet, dass eine Theorie wahr ist, so meint er eigentlich nur, dass diese Erfahrung genau korreliert und damit benutzbar ist. Wenn wir jedes Mal anstatt „wahr" „nützlich" schrieben, bekäme die Physik eine korrektere Perspektive. Birkhoff und von Neumann schufen den sog. „Beweis", dass Erfahrung gegen die Regeln der klassischen Logik verstößt. Dieser „Beweis" ist natürlich selbst in der Erfahrung verankert (Zukav, 1981, p. 306-307)

Neue Neurowissenschaft

Die Neurowissenschaftler Jeffrey M. Schwartz, Mario Beauregard und der Physiker Henry P. Stapp beschreiben, wie die Prinzipien der Quantenphysik in den Neurowissenschaften, der Psychologie und dem Geist-Gehirn-Problem angewendet werden können und sollten, anstatt weiterhin auf die mehr als ein dreiviertel Jahrhundert als grundlegend falsch erwiesen Annahmen des reinen materialistischen Ansatzes zu bauen.

Die neuropsychologische Erforschung der neuronalen Grundlagen des Verhaltens postuliert, dass die Mechanismen des Gehirns letztlich ausreichen, um alle psychischen Phänomene zu beschreiben. Diese Annahme beruht auf dem Konzept, dass die Gehirne vollständig aus materiellen Teilchen und Feldern bestehen, und dass alle kausalen Mechanismen mit Bezug auf die Neurowissenschaften demzufolge wie Eigenschaften dieser Elemente gedacht werden können. Somit werden Begriffe mit einem intrinsischen geistigen und/oder einen auf das Erlebnis gerichteten Inhalt (z.B. „Gefühl", „Wissen" und „Aufwand") nicht als primäre ursächliche Faktoren gezählt.

Diese theoretische Einschränkung wird in erster Linie von den Ideen über die natürliche Welt motiviert, die jedoch auch seit über einem dreiviertel Jahrhundert als oft grundlegend fehlerhaft betrachtet werden sollten. Die vorliegende Grundtheorie der Physik unterscheidet sich von der klassischen Physik in der wichtigen Frage, wie das Bewusstsein des Menschen in der Struktur der empirischen Phänomene erscheint. Die neuen Grundsätze sprechen gegen die ältere Idee, dass nur lokale mechanische Verfahren für die Struktur aller beobachteten empirischen Daten verantwortlich sein können.

Dadurch bieten sie Neurowissenschaftlern und Psychologen nunmehr durchaus alternative konzeptionelle Rahmen für die Beschreibung neuronaler Prozesse. In der Tat, dank zum Beispiel besonderer struktureller Eigenschaften der Ionenkanäle, die für die synaptische Informationsübertragung wesentlich sind, sollte man einmal aktuellere physikalische Theorien bedenken, wenn heute man Hirnfunktionen analysiert. Sie sind auch imstande, die neuroplastischen Mechanismen, nach denen sich das Gehirn bereits nach kurzer Zeit geistiger oder motorischer Betätigung anatomisch verändert, wesentlich adäquater als die klassischen physikalischen Konzepte zu erklären.

Ontologie, Wahrheit

Der österreichische Neurologe und Psychiater *Victor Frankl (1905-1997)* beschrieb zwei Grundgesetze seiner sog. „Dimensional-Ontologie":

1. „Ein Phänomen, das aus einer Dimension heraus in *verschiedene* Dimensionen hinein projiziert wird, die niedriger sind, als seine eigenen, bildet sich so ab, dass die Abbildungen einander widersprechen."

2. „Verschiedene Phänomene, die in *ein- und derselben* Dimension hinein projiziert sind, die niedriger ist, als ihre eigene, bilden sich so ab, dass die Abbildungen mehrdeutig sind" (vgl. nebenstehende Abbildung).

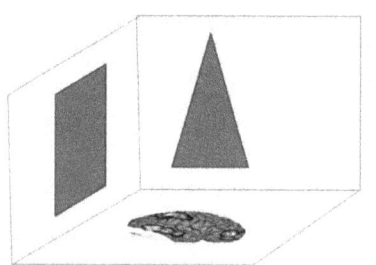

Ähnlich verhält es sich mit dem Bewusstsein und neurobiologischen Aspekten:
„Projiziere ich anstatt dreidimensionale Gebilde in eine zweidimensionale Ebene übertragenermaßen Gestalten wie Fedor Dostojewski oder Bernadette Soubirous in die psychiatrische Ebene, dann ist für einen Psychiater der große Schriftsteller Dostojewski nichts als ein Epileptiker wie jeder andere Epileptiker, und Bernadette ist nichts als eine Hysterikerin mit visionären Halluzinationen.

Was sie aber darüber hinaus tatsächlich sind, bildet sich in der psychiatrischen Ebene nicht ab. Denn sowohl die künstlerische Leistung des einen, als auch die religiöse Begegnung der anderen, liegen außerhalb der psychiatrischen Ebene."

Die materialistische Ontologie wird nicht durch die moderne Physik gestützt, sondern es wird ihr widersprochen. Die Idee, dass jedes physikalische Verhalten im Grunde lediglich im Sinne eines lokalen mechanischen Prozesses erklärbar sei, ist ein Überbleibsel der physikalischen Theorien aus einer früheren Ära. Dies wurde schon von den Begründern der Quantenmechanik abgelehnt. Sie führten „Entscheidungen" ein: Die grundlegenden dynamischen Gleichungen können nicht durch lokale mechanische Verfahren bestimmt werden, sondern sind vielmehr auf Entscheidungen menschlicher Personen zurückzuführen.

Wenn die üblichen Quantengleichungen auf das Wirken des menschlichen Gehirns angewendet werden, könnten sie die jüngsten neuropsychologischen Daten besser kausal erklären. Die klassische Physik ist bloß eine Annäherung an die genauere Quantentheorie, aber der klassische Ansatz eliminiert zugleich die kausale Wirksamkeit unserer bewussten Bemühungen; nur, diese Wirksamkeit wird durch Experimente empirisch offenbart.

In diesem Fall wird das Verhalten des Gehirns, das durch die *geistige* Leistungsfähigkeit verursacht zu sein *scheint*, tatsächlich auch durch *geistige*

Aktivität verursacht: Die kausale Wirksamkeit mentaler Stärke ist somit keine Illusion. Unsere vorsätzlichen Entscheidungen werden weder als vielleicht zufällig und überflüssig, noch als epiphänomenale Effekte erklärt werden können, sondern als grundlegende dynamische Elemente, die eine kausale Wirksamkeit haben, was nun durch objektive Daten gedeckt werden kann.

Eine Verschiebung dieser pragmatischen Vorgehensweise, die persönliche Entscheidungen als primäre empirische Inputvariable aufnimmt, kann ebenso wichtig für den Fortschritt der Neurowissenschaften und Psychologie sein, wie sie für den Fortschritt der Atomphysik war.

Der konzeptionelle Rahmen und die Intuition der klassischen Physik sind also nicht mehr als eine akzeptable Annäherung der Quantenphysik.

Das menschliche Gehirn kann Energie und Information von außerhalb unserer physischen Körper empfangen und senden. Die Forschung zeigt dies, und das behaupteten auch berühmte Wissenschaftler wie der Medizin-Nobelpreisträger *Sir John Eccles (1903-1997)* oder der amerikanische Psychologe, Arzt, Physiker und Philosoph *William James (1842-1910)*. Das Gehirn ist danach nichts anders als ein *Instrument des Bewusstseins* oder des universellen Geistes.

Der Amerikaner *William Tiller* hat wissenschaftlich nachgewiesen, dass der menschliche Geist die Materie beeinflussen kann. *Max Planck (1858-1947)*, Begründer der Quantenphysik, sagte: *„Das Bewusstsein ist die Grundlage. Materie ist ein Derivat des Bewusstseins."*

Gary Schwartz zeigte 2002 experimentell, dass wir allein durch unsere Absicht kosmische Strahlung mit sehr hoher Frequenz absorbieren und in langsame, schwingende Strahlung umsetzen können, um sie für die Heilung an andere Menschen weiterzuleiten. Mit der allgemeinen Schwäche der vorliegenden Religion haben wir heute jedoch weitgehend jeden direkten und sozial akzeptierten Weg zur Transzendenz verloren. Die durchschnittliche Person glaubt es daher wahrscheinlich kaum, wenn ihr erzählt wird, dass ein transpersonales Selbst in ihrem innersten Wesen wohnt; ein Selbst, das die Individualität transzendiert und sie mit einer Welt jenseits von Raum und Zeit verbindet.

Es ist besonders schade, dass wir im Westen in den letzten paar Jahrhunderten die Transzendenz mehr und mehr unterdrückt haben. Allerdings sind Repressionen nicht umfassend genug, um den Inhalt einer ganzen Zivilisation zu bestimmen; eine Zivilisation hat ihre Wurzeln im Grunde immer in der Transzendenz, ob wir uns dessen bewusst sind oder nicht. (Wilber, K., 2006)

Wissenschaft + Philosophie + Spiritualität = Weisheit?

Der deutsche Physiker und Philosoph *Meinard Kuhlman* schreibt (2013): „Physiker predigen von einer Welt, die aus Teilchen und Kraftfeldern besteht, aber es ist nicht klar, was konkrete Teilchen und Kraftfelder in der Quantenrealität eigentlich sind. Ein großzügiges Bild der physischen Welt erfordert eine Kombination von Physik und Philosophie. Diese beiden Disziplinen sind komplementär. Die Vereinigung der beiden Disziplinen ist besonders wichtig in Zeiten, in denen die Physiker sich mit dem Blick auf die wahren Grenzen ihres Faches befinden. Das metaphysische Denken führte Newton und Einstein und beeinflusste viele von denen, die die Quantenfeldtheorie mit Einsteins Gravitationstheorie zu vereinigen versuchten. Philosophen haben Bibliotheken mit Büchern und Publikationen über Quantenmechanik und Gravitationstheorie voll geschrieben, während wir kaum die Realität, die die Quantenfeldtheorie enthält, zu erkunden beginnen. Die Alternativen zu den Standardansichten auf Teilchen und Felder, die wir entwickeln, können Physiker in ihrem Kampf, die große Einheitstheorie zu finden, begeistern."

Die Physikerin und Archäologin *Jude Currivan* sagt (2007): „Wenn wir das Primat des Bewusstseins als Quelle und zielgerichteten Schöpfer des Universums in Erwägung ziehen, und uns selbst wie individualisiertes Bewusstsein sehen lernen, das heißt, als spirituelle Wesen Erfahrungen zu sammeln, sind dieses höheren Bewusstsein und seine nicht-lokalen Auswirkungen nicht schwer zu erklären."

Der Ansatz und die Erforschung des Bewusstseins und des menschlichen Geistes durch bloße herkömmliche wissenschaftliche Methoden versagt eindeutig. Jeder Versuch, die Subjektivität durch Empirismus zu beseitigen, wird zum Misserfolg führen. Die Reduzierung des menschlichen Geistes auf eine Begleiterscheinung des Gehirns ist gleichbedeutend mit der Leugnung des menschlichen Wesens. Die a priori objektive Untersuchung des menschlichen Geistes mittels eines materialistischen Reduktionismus ist ein grober Fehler der Wissenschaft, die von ihren eigenen Erfolgen geblendet wird. Die Verdrängung psychischer Phänomene und Möglichkeiten macht dieser Ansatz unwissenschaftlich (Currivan, J., 2007)

Wenn die Wissenschaft fordert, alles erklären zu können, darf sie sich nicht auf Positionen und Methoden beschränken, die nur die messbaren physikalischen Phänomene als die einzig wirklichen definieren. Gefühle, Gedanken, Absichten, etc. sind ebenso real und sollten nicht rein auf physikalische Prozesse reduziert werden. Ein fMRT oder PET-Scan[4] sagen nicht direkt etwas über das Bewusstsein aus, sondern nur etwas über die *physikalischen Vorgänge* im Gehirn. Letztere aber dann wie *kausale Prozesse* zu betrachten, ist nichts anderes als eine voreilige (selbst anspruchsvolle), materialistische Interpretation. Bescheidenheit ist aber eine Grundqualität eines Wissenschaftlers.

Der quantenphysikalische Ansatz gibt dagegen ein ganz anderes Bild von der wahren Natur des Menschen und ermöglicht viele „unerklärliche" Phänomene perfekt in einen neuen wissenschaftlichen Rahmen zu stellen.

Zahlreiche psychische Störungen würden in einem anderen Licht stehen, wenn sie an einer tieferen Wirklichkeit angegangen wären.

---

[4] fMRT = funktionelle Kernspintomographie; PET = Positronen-Emissons-Tomographie. Beides sind sehr sensible, moderne und technisch hochgerüstete, bildgebende Verfahren.

Ein neues Paradigma

Der amerikanische Neurobiologe *John Smythies* vertritt das, was sich in den letzten Jahrzehnten sichtlich entwickelt: ein neues Paradigma.
Ein neues Paradigma in der Physik, Kosmologie und Neurowissenschaften ist die Veränderung unserer Begriffe von Raum, Zeit und Bewusstsein. Die Theorie suggeriert, dass das reale Universum mehr Dimensionen hat, als uns eine apostrophierte vierdimensionale Raumzeit heute suggeriert. Es unterscheidet die Phänomene „Raum des Bewusstseins" und „physischer Raum" als zwei verschiedene Schnitte einer gemeinsamen höher-dimensionalen Welt.
Atome, Sterne und Gehirne gehören zur physischen Welt. Sensationen, Bilder, Ideen gehören zum phänomenalen Bewusstsein. Beide sind in einer höheren Dimension miteinander verbunden.
Das alte Paradigma versagt:
Der erste Fehler betrifft die Nichtaufnahme von bekannten Tatsachen in unserem Ansatz trotz unserer eigenen körperlichen Erfahrungen. Somatische Empfindungen (z. B. Schmerz) sind aber nicht *im* Körper lokalisiert, nicht einmal *im* Gehirn. Sie sind in dem Bewusstseinsmodul, der sich in dem Raum außerhalb des phänomenalen Gehirns befindet, lokalisiert.

Der zweite Fehler ergibt sich aus der Tatsache, dass die heutige Biologie und die Neurowissenschaften immer noch auf der Newtonschen Kosmologie der Welt basieren, als eine Sammlung von materiellen Objekten, verteilt in einem dreidimensionalen Raum und in einer sich separat entwickelnden Newtonschen absoluten Zeit.

John Smythies sagt dazu: „Der Beobachter in einem Blockuniversum mit einem verschiebenden ‚Jetzt' muss eine Entität sein, zusätzlich zu dem statischen, 4D-physischer Körper."

Der Nutzen eines neuen Paradigmas:
1. Es bietet praktikable Theorien der Gehirn-Geist-Beziehung und Wahrnehmung, während seine Konkurrenten das nicht tun.
2. Es ist viel einfacher als seine Rivalen
3. Es kann auf einfache Weise Phänomene der Parapsychologie erklären
4. Es ermöglicht uns, rational Nahtoderfahrungen zu betrachten.
5. Es kann durch Versuche überprüft werden.

Was den menschlichen Geist und das Bewusstsein betrifft, so können sie mit den klassischen wissenschaftlichen Methoden nicht untersucht werden. Der Grund dafür ist einfach: Sie sind nicht von dieser (materiellen) Welt.
Wäre es so, dass die Wissenschaft auch den mentalen/geistigen Empirismus umschlösse, könnte man von Fortschritt sprechen. Die quantenphysikalischen

Erkenntnisse und Prinzipien haben bis heute ihre Korrektheit und außergewöhnliche Genauigkeit in vielerlei Hinsicht und Bereichen dargestellt. Wenn die Wissenschaft die Kurzsichtigkeit und die Nützlichkeit der Newtonschen Prinzipien erkennt und in ein neues quantenphysikalisches Paradigma einbaut, wird das Bewusstsein wissenschaftlich recherchierbar und Wissenschaft wird Weisheit.

Literatur:

Currivan, Jude, (2007), *The Wave, Kosmos in beweging,* Ankh-Hermes
Derksen, Prof. dr. J.J.L., (2012), *Bevrijd de psychologie uit de greep van de hersenmythe*, Bert Bakker
Facco Enrico & Agrillo Christian, (2012), *Near-death experiences between science and prejudice*, Frontiers in Human Neuroscience.
Globus, Gordon, (2010), *Toward a Quantum Psychiatry: Hallucination, Thought Insertion and DSM,* Neuroquantology, vol.8, nr.1
John Smythies M.D., *"Consciousness and its Brain: a New Paradigm",*
http://www.thepsychologicalchannel.com/blogs/blog4.php/2008/08/07/3-consciousness-and-its-brain-a-new-paraidgm
Kuhlmann, Meinard, *What is Real? Scientific American,* augustus 2013
Schwartz, Jeffrey M., Stapp, Henry P., Beauregard, M., *"Quantum physics in neuroscience and psychology: a neurophysical model of mind-brain interaction"* in Philosophical Transactions of The Royal Society B (Phil. Trans. R. Soc. B – doi:10.1098/rstb.2004,1598 published online)
http://www.ncbi.nlm.nih.gov/pubmed/16147524
Wilber, Ken, (2006), *Zonder Grenzen,.* Karnak, Amsterdam
Zukav, Gary,(1981), *De Dansende Woe-Li Meesters,*

Stan Michielsens
„Die gesellschaftliche Bedeutung von Nahtoderfahrungen an historischen Beispielen"
und
Raymond Saerens
„Wunder und Gesetze: auf den Spuren der Physik, Medizin, Spiritualität & Parapsychologie"

beides in
Prof. Dr. Walter van Laack (Hrsg.):
„Schnittstelle Tod – Aufbruch zu neuem Leben?"
ISBN 978-3-936624-10-6 (2010)

Raymond Saerens
„Gott erfordert keinen blinden Glauben:
Einige Hilfen für das Vertrauen auf ein ‚Jenseits'"

in
Prof. Dr. Walter van Laack (Hrsg.):
„Schnittstelle Tod –
Warum auf ein danach vertrauen?"
ISBN 978-3-936624-14-4 (2012)

Leben und Geist sind unsterblich

Prof. Dr. med. Walter van Laack
Facharzt, Buchautor, Natur- und Wissenschaftsphilosoph
www.van-Laack.de - www.vanLaack-Buch.de - www.Dr-vanLaack.de

Seit Menschengedenken scheint es klar zu sein. Von Höhlenmalereien, diversen archäologischen Funden und zahlreichen Grabbeigaben aus allen Epochen und in allen Regionen dieser Erde können wir davon ausgehen, dass der Mensch eine klare, intuitive Vorstellung von drei Grundlagen dieser Welt zu besitzen scheint:
1) Es gibt einen Gott, etwas Göttliches, eine uns jedenfalls überlegene, nicht näher beschreibbare, aber real existente Dimension oder Einheit.
2) Es gibt eine „geistige Dimension", eine Geistebene oder auch Seelenebene, jedenfalls etwas, das sich von dem, was wir Materie nennen unterscheidet und real existiert, aber nicht sinnlich wahrnehmbar ist.
3) Der Tod ist kein absolutes Ende. Vielmehr wird er in irgendeiner – sehr zahlreich und variabel beschriebenen – Form von uns Menschen überlebt. Auf die Details solcher Vorstellungen will ich an dieser Stelle nicht eingehen, das würde den Rahmen sprengen. Eines aber dürfte sicher sein: Ausnahmslos alle Religionen beschäftigen sich in erster Linie mit dem Tod und erst danach mit dem „göttlichen Hintergrund". So wäre auch das Christentum ohne die „Auferstehung" als seine zentrale Botschaft nie in der Lage gewesen, bis heute ungefähr 1,5 bis 2 Milliarden Gläubige zu erreichen.

Demgegenüber scheint es nach wie vor kaum wirklich bestrittener Stand moderner Naturwissenschaften zu sein, dass unser Tod zugleich auch unser endgültiges Ende bedeutet und Geist nur ein Produkt unserer Gehirne ist, anders ausgedrückt, ein zufälliges Epiphänomen der Evolution allen Lebens.
Nur, was Leben und Geist eigentlich ist, kann kein Naturwissenschaftler bis heute beantworten. Und keiner kann lebende Zellen oder gar Wesen aus unbelebter Materie herstellen. Immer ist Leben nötig, um neues Leben zu erschaffen. Und kein Computer kann auch nur Bruchteile des menschlichen Geistes imitieren. Sicher, er mag jeden Schachweltmeister schlagen, weil seine Rechenleistung heute der eines jeden Menschen überlegen sein kann. Aber ist das menschliche Hirn nur ein Computer? Ich glaube kaum, weder abstraktes Denken, noch Entscheidungen, noch tiefe Gefühle, weder Selbstbewusstsein noch Selbsterkenntnis – nichts davon und noch viel mehr ist technisch weder jetzt noch in Zukunft machbar.
Die Evolution baut auf den Komponenten „Zufall", „Auswahl der Geeigneten" und „Kooperation" zwischen einzelnen Wesen und zwischen ganzen Arten auf. Doch keiner kann bis heute damit auch nur annähernd plausibel erklären, wie es allein dadurch zu immer höherer Komplexität des Lebens in immer kürzerer Zeit

gekommen sein soll. Während die Evolution für die Entwicklung eines Hufes noch etwa 40 Millionen Jahre benötigte, waren es für unser menschliches Großhirn nur noch einige Tausend Jahre, vielleicht ein paar zehn- oder hunderttausend Jahre, was aber nichts im Grundsatz an der Frage ändert.
Tatsächlich hat der Mensch für die Zeit seiner Steinzeitkultur bis zum Mond und zum heute alles dominierenden Internet nur etwa 10.000 Jahre, also man gerade 400 Generationen, gebraucht. Und am Gehirn hat sich währenddessen bezüglich seiner Makro- und Mikroanatomie kaum etwas getan: Wir arbeiten praktisch also mit unverändertem Werkzeug, aber leisten heute unendlich viel mehr – leider im Positiven genauso wie im Negativen, wie gerade das 20. Jahrhundert uns allen in dramatischer Weise vor Augen geführt hat.
Und noch bis zum Ende des letzten Jahrtausends war es wissenschaftlich klar, dass wir alle ein Produkt unserer Gene sind: Milliarden seien schließlich dafür verantwortlich, und allein diese unvorstellbare Zahl sei es, die es vielen von uns unmöglich machen sollte, dafür das nötige Verständnis zu entwickeln.
Und dann kam so ein amerikanischer Biochemiker plötzlich daher gelaufen, Craig Venter (*1946), kündigte im Jahr 2000 – von vielen seiner Zunft belächelt – an, innerhalb kurzer Zeit das menschliche Erbgut zu entschlüsseln, was er dann auch tat, und reduzierte uns auf bloß noch etwa 25.000 Gene. Selbst die Hefe hat ein Vielfaches davon, und man kann sogar feststellen, dass gerade viele niedere Lebewesen mehr Gene besitzen als höhere, obwohl diese doch so unendlich viel komplizierter sind... Vielleicht könnte man daraus ja schon den vorsichtigen Schluss ziehen: Gene sind extrem wichtig und eine Grundlage für Vererbtes. Aber, vielleicht gibt es noch mehr, die da mitspielen, aber vielleicht auch gar kein biochemisches Korrelat besitzen...? Könnte hier vielleicht „Geist" eine Rolle spielen?
Wir wissen heute, dass sogar dieselben Gene bei unterschiedlichen Lebewesen auf verschiedenen Evolutionsstufen völlig andere Dinge kodieren. Zum Beispiel steht bis auf ganz wenige Aminosäuren dasselbe Gen beim Vogel für seinen Singsang, beim Menschen für die Sprache[5]. Und pflanzt man ein anderes Gen[6], das bei der Maus für ihr Linsenauge verantwortlich zeichnet, in eine Fliege, dann entsteht dort tatsächlich ein Facettenauge.
Sind Gene vielleicht vor allem so eine Art Sammelordner für Aufbauten oder Leistungen, die sich die Evolution im Laufe der Zeit als eine Art biochemisches Arsenalgedächtnis leistet? Aber was steuert dann mit Hilfe dieser Sammelordner das, was schließlich tatsächlich passiert?
Neuere Studien zeigen, dass interessanterweise Vergangenes Auswirkungen in der Zukunft auf spätere Generationen haben kann. Ratten und Mäuse, oft vortreffliche Versuchstiere, scheinen zum Beispiel Ängste, auch wenn sie antrainiert sind, aber auch andere Erfahrungen und erlernte Lektionen irgendwie auf spätere Generationen zu übertragen. In Australien hatte man schon in den 1920er Jahren mit Ratten experimentiert, die bestimmte Verhaltensweisen

---

[5] FOXP2-Gen
[6] PAX6-Gen

erlernten. Das passierte dann von Generation zu Generation schneller, aber, und da versagt jede bisherige wissenschaftliche Erklärung, viele Jahrzehnte später hatten Experimentalratten in Schottland dieselben Verhaltensweisen genauso schnell drauf...

Aber der Mensch steht dem nicht zurück: Haben Eltern im zweiten Weltkrieg zum Beispiel Hunger gelitten, so leiden ihre Enkel- und Urenkelkinder heute trotz Nahrung im Überfluss deutlich häufiger an Ernährungsstörungen als andere. Naturwissenschaftler meinen deshalb heute, dass es womöglich Verbindungen zwischen dem menschlichen Gehirn und den Keimdrüsen geben muss, so dass sich so Erbveränderungen manifestieren. Man hat auch ein neues Wissensfeld erkoren, die Epigenetik. Danach stülpt sich quasi etwas auf die Gene auf, aber was ist es tatsächlich? Wissenschaftler meinen, Gene seien mehr wie ein Klavier, und die Umwelt spiele darauf. Könnte da nicht vielleicht „Geist" die entscheidende Rolle spielen?

Der englische Biologe Rupert Sheldrake (*1942) hatte aufgrund zahlreicher Beobachtungen und Untersuchungen – vor allem mit Hunden – postuliert, es müsse, wie er sie nannte, „morphogenetische Felder" geben, also quasi „Geistfelder", die, real existent, artspezifisch auf die Entwicklung von Arten, und damit im Rahmen der Evolution, einwirken. Natürlich kämpft Sheldrake mit der typischen Reaktion Seinergleichen, belächelt und nicht ernst genommen zu werden. Ich glaube aber, er hat grundsätzlich Recht – nein, man muss noch viel weiter gehen, als er es tut: Nicht nur „kollektive" Felder spielen eine Rolle, sondern im Laufe der Evolution immer mehr „individuelle". Die Evolution steuert im Laufe ihrer Zeit ganz offensichtlich vom Kollektiven zum Individuellen mit dem Ziel maximaler Perfektion in maximaler Vielfalt. Sie glauben es nicht?

Tatsächlich sticht in unserer Welt eine Gesetzmäßigkeit immer und überall ins Auge: Alles hat zwei Seiten, wirklich alles.

Wir kennen den Menschen biologisch als Mann und Frau, wir unterscheiden Raum und Zeit, Wellen und Teilchen, Materie und Energie. Das lässt sich in alle Ewigkeit fortsetzen...

In der Physik gibt es ein Dilemma: Während alles Physikalische, alle Materie also und damit jeder beliebige Körper – ob tot oder lebendig – mit der Zeit immer zu wachsender Unordnung neigt – die Physiker sprechen von Entropie – gibt es auf der anderen Seite auch das spiegelbildliche Gegenteil: Information.

Sie strebt mit der zeit zu immer größerer Ordnung. Sie wird dabei immer komplexer. Information ist aber nichts Materielles, auch wenn wir zumeist der Meinung sind, sie muss an etwas Materielles gebunden sein. Aber muss sie das wirklich?

Nun schauen wir mal auf die Evolution unseres Kosmos, auf die des Lebens auf unserer Erde und auf uns Menschen – auf jedes einzelne menschliche Leben.

Über viele Milliarden von Jahren erstreckt sich bereits heute unsere sinnliche Wahrnehmung von kosmischen Körpern, also von Planeten, Sternen, Galaxien, Pulsaren und Quasaren, und was es sonst noch so alles an himmlischen Körpern gibt. Alles kommt, wächst und vergeht. So wissen wir, dass unsere Sonne womöglich längst mehr als die Hälfte ihrer Lebenszeit überschritten hat und auf dem besten Weg in ihren Untergang ist. Dasselbe gilt für jede beliebige Form von Materie: Alles „stirbt" irgendwann, wobei allerdings nichts verloren geht, sondern im Chaos, in der maximalen Unordnung wieder als Grundlage für Neues dient.

In der Evolution des Lebens zeigt sich Ähnliches: Immer neue Arten drängen zu Tage, immer mehr Leben kreucht und fleucht, nachdem es einmal entstanden ist. Manche Arten sterben früh wieder aus, manche bevölkern diese Erde ein paar Millionen Jahre, bevor auch sie als Art wieder das Zeitliche segnen, und manche gibt es schon seit fast Anbeginn des Lebens hier, und ihr Untergang wird vermutlich auch noch lange auf sich warten lassen. Dabei entsteht oft Ähnliches. In der Biologie spricht man von Konvergenz, wenn über große Zeiträume oder geographisch weit voneinander entfernt und ohne jede Möglichkeit eines Kontaktes Leben entsteht, das sich in vielen Dingen sehr ähnelt, ja vielleicht sogar bis auf wenige Details praktisch identische Formen hervorbringt. Ein Beispiel hierfür sind die Beuteltiere Australiens und die Säugetiere. Viele sind praktisch identisch, es gibt den Beutelwolf, die Beutelratte, den Beutelbär u.s.w., genauso wie eben den Säuger-Wolf, die Säuger-Ratte und den Säuger-Bär. Nur im Fortpflanzungsverhalten unterscheiden sie sich. Aber alles hat seine Zeit, kommt auf die Bühne des Lebens und geht von ihr auch irgendwann wieder.

Und nun schauen wir noch auf uns Menschen, auf jedes menschliche Leben: Wir werden gezeugt, wachsen heran im Mutterleib, werden geboren, wachsen heran und fangen so ab 25 – 30 Jahren an auch äußerlich zu altern, werden alt und sterben irgendwann – zwangsläufig.

In allen beschriebenen Fällen, Bereichen und Situationen fällt auf: Es handelt sich um zyklische, also kreisförmige Vorgänge. Alles Materielle unterliegt einer solchen Zyklik. Ein indianisches Sprichwort besagt: Alles kommt in Kreisen. Und genau das finden wir vor in unserer materiellen Welt – und genau da finden die meisten heute auch ihren Horizont des Denkens leider erreicht…

Tatsächlich aber gibt es auch die Kehrseite der Medaille, das polarsymmetrische Gegenstück, das Spiegelbild von allem: Schauen wir hierfür am besten auf die Evolution des Lebens und auf uns Menschen, also auf jedes einzelne Leben.

Während die Evolution der Körper hier und da Purzelbäume schlägt, von zyklischem Charakter ist, immer kommt und irgendwann wieder verschwindet, gibt es eine zentrale Konstante, die vom kleinsten Lebewesen dieser Erde bis hin zu uns Menschen sich schnurstracks aufwärts gerichtet entwickelt: Das Zentral-Nervensystem (ZNS). Und wie wir alle heute wissen, ist es das „Gerätesystem" unseres Körpers – und aller Körper – das Informationen in immer „höherer", d.h. differenzierter und komplexerer Weise aufbaut und vermittelt. Betrachtet

man nun die Evolution aus dieser spiegelbildlichen Sicht zur Entwicklung des Körperlichen, dann ließe sie sich auch etwas anders darstellen: Der jeweilige Entwicklungsstand des ZNS entscheidet darüber, wie hoch ein Wesen entwickelt ist. Zu einer bestimmten Zeit reicht es eben nur für niedere Wesen, später für Schalentiere und Fische, später dann vielleicht für Reptilien, Saurier, Vögel und Säugetiere – bis schließlich hin zu den Primaten und dann zum Menschen.
Noch vor wenigen Jahrzehnten war man davon überzeugt, dass praktisch alle Tiere „dumm" seien. Intelligenz sei ein Privileg des Menschen, vielleicht auch des Menschenaffen. Auch das ist ein wesentlicher Grund, warum Darwins bahnbrechende Erkenntnis von der Evolution als Grundlage alles Entwicklung von Leben auf diesem Planeten anfangs so viel Kritik, Unbehagen und Ablehnung erfahren hatte: Der „intelligente" Mensch stammte jetzt also direkt vom Affen ab. Nur, diese Sichtweise ist falsch. Der Affe ist das Ergebnis des eigentlichen „Kerns" der Evolution des Lebens zu einer früheren Zeit. Das ZNS des Menschen hatte halt eine Menge Zeit mehr zur Verfügung, und es entstand ein diesem Entwicklungsrad angepasstes, völlig anderes Wesen, eben der Mensch. Dass „Geist" als das unmittelbare Ergebnis der Entwicklung geeigneter „Gerätschaften" – eben des ZNS und seiner konsequent kontinuierlichen Fortentwicklung – schon zu Anfang der Evolution zugegen war, ist erst jetzt, in unserer Zeit, wirklich klar geworden: Beispielsweise findet man sie schon bei Einsiedlerkrebsen vor, wenn sie sich etwa gegenseitig passende Gehäuse zuschanzen. Auch Symbiose, Parasitismus und natürlich der sog. „Instinkt" sind nichts anderes als „geistige Leistungen". Natürlich erfolgen sie zu früherer Zeit noch nicht bewusst. Das kommt im Laufe der Evolution erst auf, als sie das Pferd wechselte, weg von kollektiver Entwicklung hin zur individuellen.
Graureiher sind beispielsweise in der Lage, völlig individuell einen Vorgang zu betrachten und daraus die richtigen Schlüsse zu ziehen. So lernen Graureiher etwa, mit Brotstückchen zu angeln, wenn sie das etwa beim Menschen sehen. Und das kann dann auch nur der Graureiher, der es geschaut hat. Damit ist er seiner Art ein Stück voraus. Hier ist zweifellos schon eine höhere Form von Intelligenz im Spiel. Absolute Intelligenzbestien sind zum Beispiel Raben: Sie können, ohne es vorher beigebracht bekommen zu haben, spontan und ohne großes Üben nützliche Werkzeuge herstellen, um an Nahrung zu kommen. Es sind auch Raben bekannt, die sich des modernen Autoverkehrs bedienen, um Nüsse knacken zu lassen und diese dann vorschriftsmäßig bei grüner Ampel und unter Nutzung für Zebrastreifen aufsammeln gehen. Das klingt abenteuerlich, ist aber Realität. Und dies sind nur ein paar Beispiele von unzähligen.
Bei Primaten, insbesondere bei Schimpansen, die sich genetisch von uns Menschen nur um etwa 1% überhaupt unterscheiden, finden wir manchmal intellektuelle Leistungen, die selbst uns Menschen in den Schatten stellen können. Und Primaten sind sicher auch zu tieferen Gefühlen fähig, etwas, das wir auch bei anderen Säugetieren schon vorfinden. Dass Schimpansen ein bereits fortgeschrittenes Selbstbewusst*sein* haben und auch sich selbst erkennen, also eine Selbstbewusst*heit* besitzen, ist längst eine gesicherte Erkenntnis. Bei

anderen Tieren wird es zumindest vermutet. Allein der Mensch aber ist kraft seines neu erreichten ZNS-Entwicklungsgrades jedoch nun auch zu etwas fähig, das allen Tieren ganz offensichtlich fehlt: Er kann abstrakt denken. Er hat Vorstellungen vom Sein und Werden, von Liebe und Gerechtigkeit, von Freude, Glück oder Trauer. Er empfindet nicht nur Liebe, er kann darüber auch abstrakt nachdenken und sich mit anderen austauschen. Und der Mensch ist das erste und bislang einzige Wesen auf der Erde, das weiß, dass er unausweichlich sterben wird. Das alles ist etwas völlig Neues, ein Quantensprung der ZNS-Entwicklung und nur dem Menschen eigen.

Und nun wissen wir, dass der Mensch seit Anbeginn seiner Existenz auch drei grundsätzliche Vorstellungen von seiner Existenz hat: Kurzgefasst, es gibt einen Gott oder eine göttliche Ebene, einen Geist oder eine geistige Ebene und der Tod ist nicht sein Ende. Dann sollte man vielleicht auch davon ausgehen dürfen, dass hier der eigentliche Schritt zu Menschwerdung lag:
Die plötzlich vorhandene Fähigkeit, abstrakt zu denken, verbunden mit einem „intuitiven Wissen" von seiner Existenz. Der aufrechte Gang, die besondere menschliche Hand und die Entwicklung von Sprache sind erst die Folge, nicht aber die Basis der Menschwerdung, wie heute zumeist angenommen.

Der Mensch hat bis zum heutigen Tag den höchsten Entwicklungsstand des ZNS erreicht. Und dieses nun höchstkomplexe, Informationen gezielt verarbeitende „Gerätesystem" ist darüber hinaus konsequent abwärtskompatibel. Das heißt, alle Entwicklungsstadien der Evolution sind in ihm vollständig enthalten. Diese Entwicklung ist aber nun im Gegensatz zur Evolution alles Körperlichen linear und stets aufwärts gerichtet. Kein Kommen und Vergehen, immer ein weiter nach oben Streben – nur (zunächst) über immer neue, andere *Individuen*.
Genau dasselbe finden wir, wenn wir auf jeden einzelnen Menschen schauen: Wenn auch unsere Körper, zumindest nach außen hin, bis spätestens ins dritte Lebensjahrzehnt hinein wachsen, um dann ihren *kreisförmigen* Weg zu gehen, die ihr Altern bis zum Tod umfasst, entwickelt sich alles Geistige in uns, unsere Erfahrung, unsere Gefühlswelt, ja alles Immaterielle, an dem man jemanden erkennt, also unsere Persönlichkeit, bis ins hohe Alter *linear* aufwärts weiter.

Das Dilemma der Physik, wachsende Unordnung alles Materiellen gegenüber wachsender Ordnung alles Informationellen, wird hier überall offenkundig.
Wenn die Welt uns – und das, egal wohin wir schauen – stets diese Doppelnatur, diese polare Symmetrie von allem und jedem offenbart. Wenn zu dieser Doppelnatur gehört, dass es seit Beginn der Zeit ganz offensichtlich das Wachsen von Unordnung gibt und sich auf alles Materielle bezieht, zugleich aber auch das Wachsen von Ordnung erkennbar wird, das sich auf alles Nicht-Materielle, das Informationelle – oder einfach, das Geistige, bezieht, dann darf man doch auch die Frage stellen: Warum sollte ein bis zu seinem Tod erst zum Höhepunkt gereichter Geist eines Menschen, dessen Weg zu immer höherer Ordnung eigentlich vorgezeichnet ist und einer kosmischen Gesetzmäßigkeit

entspricht – warum also sollte dieser Geist genau dann auch enden (müssen), wenn sein allem Zyklischen und so der wachsenden Unordnung unterworfene Körper nicht mehr imstande ist, diesem Geist in seiner Entwicklung weiter zu helfen?
Natürlich ist die eigentlich eindeutige Antwort, ein solches Ende sei schlichtweg unsinnig, darauf noch kein Beweis dafür, dass es tatsächlich so ist. Nicht nur das: Viele Naturwissenschaftler halten die Frage nach einem Warum sogar für unwissenschaftlich und dürfe gar nicht gestellt werden.
Für so etwas fehlen mir schlichtweg die Worte…

Fazit: Eine von Scheuklappen freie Analyse von der Evolution der Arten (Phylogenese) zeigt uns genau, wie auch die Betrachtung der Entwicklung eines jeden menschlichen Individuums (Ontogenese) dasselbe Bild: Es gibt eine zentrale Konstante: Sie ist das Zentral-Nervensystem (ZNS), und das entwickelt sich stets linear aufwärts fort. Das ZNS aber ist nicht der Produzent von Geist, wie ich gleich noch durch Beispiele aus der Hirnforschung und anverwandten Gebieten der Medizin zeigen werde. Vielmehr muss man das ZNS verstehen als der „qualitativ und quantitativ wachsende Gerätepark", der es ermöglicht, mit „Geist" zu kommunizieren und diesen dabei weiter zu entwickeln – in ständiger Interaktion mit dem Ziel immer stärker differenzierter Perfektionierung. Und für Geist können wir, wenn Sie wollen, an dieser Stelle durchaus auch das etwas weniger pathetisch klingende und philosophisch abgegriffene, moderne Wort „Information" oder „Informationswelt" nehmen.

Begeben wir uns auf das gebiet der Medizin, speziell auch zunächst in die Hirnforschung: Die Vorstellung vieler heutiger Hirnforscher – aber keineswegs aller – ist das, was man in der Philosophie „materialistischen Reduktionismus" nennt: Alles wird *reduziert* auf die Vorstellung, *Materie* ist alles und auch die Grundlage von allem, und all das, was wir als *immateriell* bezeichnen, also zum Beispiel „Geist", „Seele", Gefühle", „Bewusstsein", Bewusstheit" und die Vorstellung einer „Ich-Persönlichkeit" etc., sei tatsächlich nur illusionär und in Wirklichkeit ein Produkt der materiellen Ausgangsbasis, also etwa des Gehirns.
Die Milliarden und Abermilliarden Hirnzellen und in die Billionen reichende Zahl ihrer Verknüpfungen sei die Basis von allem und spiegele uns am Ende das „Immaterielle" nur vor. Daraus folgt natürlich auch: Ist das Gehirn einmal tot, ist der Mensch, dem es gehörte genauso tot, ein für allemal und auf ewig, basta.
Das Ganze hätte, wäre es tatsächlich so, auch dramatische gesellschaftliche Konsequenzen: denn würde unser Gehirn eigenmächtig entscheiden und man sich dessen erst später „bewusst" werden, wer oder was hätte dann zum Beispiel Schuld, wenn jemand umgebracht würde? Es gibt schon Strafrechtler, die sitzen in den Schuhen, um damit eine in der Zukunft denkbare Nivellierung unseres Verständnisses von Schuld und Strafwürdigkeit loszutreten.

Verzeihen Sie mir auch hier meinen klaren Widerspruch: Für mich ist das hanebüchener Unsinn und zudem deshalb sträflich, weil es die verständliche Unwissenheit und fachliche Unzulänglichkeit so vieler Menschen ausnutzt, um ihnen jede – tatsächlich aber angebrachte – Hoffnung auf mehr zu nehmen…

Deshalb muss ich natürlich nun auch hier ein wenig „Substanz liefern", um meine derbe Wortwahl zu verteidigen:
Unsere ganze Hirnforschung beruht heute im Grunde auf zwei wesentliche Verfahren: Zum einen ist es die Bildgebung. In der sog. Kernspintomographie (MRT oder MRI und fMRT oder fMRI)[7] wird geschaut, *wo* im Gehirn leuchtet etwas auf, wenn ein Mensch bestimmte Verhaltensmuster an den Tag legt, an Bestimmtes denkt, oder bei Wahrnehmung bestimmter Umstände und auch gezielter Stimuli von außen sieht, hört oder fühlt. Natürlich ist das hier nur eine äußerst knappe Darstellung. Sie reicht aber für das grobe Verständnis völlig aus. Zum anderen gibt es eine Funktionsdiagnostik. Hier wird ein sog. Elektro-Enzephalogramm (EEG) angefertigt. Mit Hilfe von Elektroden werden zum Beispiel von der Kopfhaut[8] zumeist sehr schwache elektrische Signale registriert und als Kurven ausgewiesen. Wenn unser Gehirn etwas leistet, ist ja irgendwo dort Nervengewebe mehr oder minder aktiv, und das bedeutet, es fließt Strom.

Tatsache ist, kernspintomographische Bilder können nur zeigen, dass dort, wo es blinkt, etwas geschieht – nicht mehr und nicht weniger! Jede Deutung, dort *wäre ein Zentrum für was auch immer*, und dort, wo man Aktivitäten findet, würde etwas *produziert*, ist eine grundsätzlich unzulässige Behauptung.
Bei einem bedeutenden Kongress von Hirnforschern, der Brain-Mapping-Conference 2009 an der Universität von Santa Barbara, Kalifornier (USA), zeigten junge Wissenschaftler das Ergebnis einer besonderen MRT-Studie. Mit ihr wollten sie die Frage beantwortet bekommen. Wie verlässlich und glaubwürdig sind die Ergebnisse der Hirnforschung? Dazu erklärten sie einem Probanden nach strengen wissenschaftlichen Kriterien ihr Experiment. Dann lag dieser 5 Minuten im MRT. Alle 12 Sekunden wurde ihm ein anderes Bild eines Menschen mit verschiedenen Gefühlsregungen gezeigt, insgesamt 15 Bilder. Tatsächlich waren unterschiedliche Reaktionen im Gehirn des Probanden ganz deutlich zu erkennen…
Doch der Proband war kein Mensch, sondern ein 46 cm großer, 1,7 kg schwerer toter Lachs aus einem Supermarkt…
Natürlich ist ein solcher Versuch nicht dazu geeignet, die vielen, auch seriösen Ergebnisse anderer Untersuchungen ins Lächerliche zu ziehen und als Unsinn zu entlarven. Es gibt aber bedeutende Schwachstellen auch im MRT. Und die größte Schwachstelle ist sicher der Mensch, der Vieles bewusst oder unbewusst übersieht, manchmal leider aber auch, wie wir alle wissen, vorsätzlich falsche

---

[7] MRT = Magnet-Resonanz-Tomographie, MRI = engl. Magnetic Resonance Imaging.
fMRT = funktionelle MRT, bzw. fMRI = functional MRI
[8] Bei besonderen Experimenten auch invasiv durch Elektroden im Gehirn

Ergebnisse aus zumeist persönlichen Motiven veröffentlicht und vor allem Dinge postuliert, die tatsächlich gar nichts mit einem objektiven Ergebnis zu tun haben, sondern vielmehr reine Interpretationen sind...

Bildgebende Verfahren zur Diagnostik von Hirnerkrankungen und Hirnschäden sind heute essentieller Bestandteil umfassender Untersuchungen. Genauso sind solche Verfahren aus der Hirnforschung nicht wegzudenken. Man muss auch bereit sein zu lernen, aus den Problemen der Methode und den Beobachtungen die richtigen Schlüsse zu ziehen, bzw. zu vermeiden, vorschnell falsche heraus zu posaunen. Zu derart falschen Schlüssen zählen wohl ganz sicher alle, die den „Geist" *im* Gehirn suchen. Stellen Sie sich bloß vor, Sie sind Weltenbummler und streifen, natürlich mit ihrem Mobiltelefon in der Tasche, durch einen Urwald, der nur von ein paar Eingeborenen bevölkert ist. Ihr Handy klingelt (also unerwartet guter Netzempfang vorausgesetzt...), Sie gehen ran und ein Freund meldet sich von zu Hause. Sie telefonieren mit ihm eine ganze Weile und werden dabei von ein paar Eingeborenen beobachtet. Was dürfte die wohl annehmen? Natürlich dass Ihr Telefonpartner im Mobiltelefon sitzt, was sonst?
Eine anderes Beispiel: Bei früheren James Bond-Filmen gab es oft einen Bösewicht, der auf einer einsamen Insel saß, und von dort versuchte, die Welt zu zerstören oder Macht an sich zu reißen. Nun stellen Sie sich vor, auf dieser Insel gäbe es wieder nur ein paar Eingeborene, die es aber irgendwann schafften, in den eigentlich gut bewachten und abgeschirmten Kommandobunker des Bösewichts einzudringen – natürlich unbemerkt. Sie gelangen schnell in einen Schaltraum, sehen dort viele Bildschirme und große Tastaturen mit vielen Knöpfen. Was werden sie tun? Sicher tippen sie auf einige Tasten und staunen nicht schlecht, wenn auf den Monitoren irgendwelche Sachen erscheinen, vielleicht ja auch das ein oder andere TV-Programm...
Ganz sicher werden sie nun wieder glauben, das, was sie sähen wäre *in* den Bildschirmen zu suchen, vielleicht schlägt der ein oder andere sogar deshalb einen Monitor kaputt und wundert sich dann, keine der Personen zu finden, die vorher auf ihm noch sah...
Ganz ähnlich ist es mit unserem Gehirn: Solange man ernsthaft glaubt, dass dort, wo während bildgebender Untersuchungen etwas blinkt und flackert, auch tatsächlich IST oder produziert wird, solange ist man nicht weiter als ein hier beschriebener Eingeborener...

Somit stellt sich nun die Frage, welche Beobachtungen, Phänomene oder wissenschaftliche Ergebnisse können die „nicht-materialistische" Vorstellung stützen, „Geist" und Gehirn seinen nicht dasselbe, bzw. „Geist" wird nicht vom Gehirn produziert und, noch „on-top", „Geist" ist nicht zwingend an unser Gehirn und damit an das „hiesige Leben" gebunden?

Zunächst muss man feststellen, dass Hirngröße nicht unbedingt etwas mit intellektueller Kapazität zu tun hat. Zahlreiche Tiere haben größere Hirne als der

Mensch, sind ihm aber bezüglich Intellekt und Intelligenz unterlegen. Umgekehrt gibt es zahlreiche Tiere, die trotz minimalen Hirnvolumens auf eine vergleichsweise hohe Intelligenz kommen wie etwa einige Vogelarten. Betrachtet man nur uns Menschen, so findet man hier und da Personen, bei denen man aufgrund einer zufällig anberaumten bildgebenden Untersuchung ihres Schädels feststellt, dass große Teile ihres Gehirns fehlen, niemals ausgebildet wurden oder durch langsame Volumenzunahme anderer Strukturen allmählich zerstört worden sind. Und dennoch sind ihre intellektuellen Fähigkeiten, ihre Emotionalität und ihre Persönlichkeit unverändert, bzw. gegenüber gesunden Menschen nicht eingeschränkt.

Des Weiteren hat man erst vor kurzem festgestellt, dass man allmählich dazu übergehen sollte, das Gehirn genauso zu entmystifizieren, wie es beim Erbgut mittlerweile der Fall ist: Alle Leitungsbahnen eines menschlichen Gehirns verlaufen wesentlich einfacher, bzw. sind viel einfacher strukturiert, als bislang immer angenommen. Tatsächlich verlaufen sie in den drei Ebenen des Raums, längs, quer und hoch (bzw. herunter), mehr nicht...

Ein weiterer Aspekt ist erst seit vielleicht zehn bis fünfzehn Jahren bekannt und hätte davor nur Stirnrunzeln bei Fachleuten hervorgerufen: Unser Gehirn besitzt eine einzigartige Plastizität. In nur wenigen Minuten kann es sich schon auf neue Erfordernisse durch anatomische Veränderung einstellen. es bildet neue Zellen und neue Verschaltungen. Jeder Einzelne kann in jedem Lebensalter völlig neue Dinge lernen und sein Gehirn herausfordern. Und er sollte es auch tun! Natürlich wird das ein oder andere im Alter langsamer ablaufen, so wie eben im Alter der gesamte Körpermotor erlahmt und hier und da anfängt zu schwächeln. Aber grundsätzlich bleibt das Gehirn bis ins hohe Alter lernfähig. Im Grunde erreicht ein Mensch erst zum Zeitpunkt des Sterbens seinen höchsten geistigen Grad seiner Persönlichkeit.
In diesem Moment kommt immer sofort der Einwand: Und wie steht es mit dementen Menschen? Ist das kein Widerspruch zu meiner Ausführung?
Nein, ist es nicht; denn die Demenz ist – wie andere Krankheiten auch – eine Erkrankung an den materiellen Strukturen im Gehirn, die für das „Arbeiten des Geistes" benötigt werde, also eine Funktionsstörung des für bestimmte Leistungen erforderlichen Gerätes oder Instruments. Wenn bei einem Fernseher ein Chip kaputt geht, bleibt die Sendung ja durchaus erhalten, nur kann sie möglicherweise nicht mehr empfangen werden, oder es kommt zu irgendeiner Teilstörung. Zum Beispiel fällt nur der Ton aus oder eine Farbe oder es flackert immer wieder, u.s.w.
Und wie oft haben es schon unmittelbar Beteiligte feststellen können, dass bei aller typischen „Abwesenheit" eines dementen Angehörigen es nicht selten urplötzlich Momente gibt, wo der Betreffende wieder „Herr seiner Lage" ist – womöglich nur kurz, aber dafür so gut, dass man schier erstaunt ist. Oft treten

solche kurzen Momente des „wiederhergestellten Zugriffs auf die eigene Datenverarbeitungsmaschine Gehirn'" kurz vor dem Tod auf.

Zwei andere Gruppen von Menschen liefern weitere gute Argumente für die Annahme, dass unser Gehirn nur ein tolles Gerät ist, mit dem unser „Geist" wächst, über das „er" ständig interaktiv arbeitet und das aber selbst nicht der Produzent unseres Geistes ist, bzw. sein kann:
Die erste Gruppe sind ein paar seltene Formen Siamesischer Zwillinge. Der Begriff geht auf die Brüder Chang und Eng Bunker zurück, beide wurden, am Bauch zusammengewachsen, 1811 im früheren Siam, dem heutigen Thailand geboren und sind deshalb Namen gebend für alle irgendwo zusammengewachsenen Zwillinge. Heute werden die meisten dieser Zwillinge chirurgisch voneinander getrennt, um ihnen ein normales Leben zu ermöglichen. Bei den Bunker-Zwillingen war das damals noch nicht möglich. So lebten sie gemeinsam und starben gemeinsam am selben Tag im Jahr 1874, nicht ohne beide während ihres Lebens verheiratet gewesen zu sein und über 20 Kinder in die Welt gesetzt zu haben…
Es gibt unter den Siamesischen Zwillingen ganz selten welche, die am Kopf miteinander verwachsen sind und sich sogar Teile ihres Gehirns miteinander teilen. Ein Beispiel hierfür sind die weiblichen Zwillinge Lori und Reba Shapell (*1961) aus den USA. Sie teilen sich, in Gegenrichtung des anderen schauend, über 30% ihres Gehirns, und ganz besonders auch solche Teile, die man in der Hirnforschung so gerne als die Ursprungszentren des Denkens und der eigenen Persönlichkeit bezeichnet: Das Stirnhirn mit dem sog. praefrontalen Cortex.
Tatsächlich sind diese beiden Damen durch und durch eigenständige Menschen mit völlig unterschiedlichem Denken, Emotionen und verschiedenen Wünschen. Sie sind nicht mehr und weniger ihr Gegenüber wie Sie, verehrte(r) Leser(in) und ich. Dieses Beispiel mag verdeutlichen wie wenig das Gehirn tatsächlich Produzent des Ichs, unseres Denkens und Fühlens ist…

Die zweite Gruppe, die ich kurz erwähnen möchte, finden wir im Bereich der Autisten. Solche Menschen scheuen zumeist die engere Kommunikation mit anderen. Sie leben zurückgezogen und haben Probleme mit ihrer sozialen und gesellschaftlichen Integration. Viele von ihnen sind dabei hochintelligent und können sich später beruflich normal oder gar in besonderen Positionen etablieren. Unter ihnen gibt es aber auch welche, die einen sehr niedrigen Intelligenzgrad aufweisen, d.h. debil sind. Und unter diesen wiederum gibt es welche, die ganz erstaunliche Fähigkeiten besitzen, die sie niemals haben lernen können, sog. Inselbegabungen. Men spricht auch von sog. Savants.[9]
So gibt es einen autistischen und debilen Savant, mit dem man per Helikopter nur eine kurze Zeit eine Großstadt wie Rom oder Frankfurt überfliegt, und der anschließend in der Lage ist, diese Stadt in unglaublich großer Genauigkeit über

---

[9] von französisch: savoir = wissen

mehrere Tage zeichnerisch auf einer Großleinwand wiederzugeben. Ein anderer, zudem noch blinder und debiler Savant kann beispielsweise schwierigste Klavierstücke nach einmaligem Hören fehlerfrei wiedergeben und Minuten später auch in anderen Tonarten spielen. Oder von dem amerikanischen Neurologen *Oliver Sacks* stammt die Beobachtung eines jungen, debilen männlichen Zwillingspärchens, das – ohne je auch nur die geringste Kenntnis mathematischer Grundlagen erlernt haben zu können – in der Lage ist, *viel*stellige, sog. Primzahlzwillinge auf Zuruf zu benennen, eine Leistung, für die man heute sehr schnelle und höchstmoderne Computer benötigt.

Sie alle müssen – und das, so glaube ich, ist die einzig vernünftige Erklärung – eine Wahrnehmungsfähigkeit besitzen, die „anders gepolt" ist, als die eines jeden „normalen" Menschen. Sie „sehen", „hören" oder „fühlen" Dinge, die wir nicht sehen, hören oder fühlen können, die aber offensichtlich dennoch genauso *real* existieren, obwohl wir sie nicht mit unseren Sinnen wahrnehmen können und deshalb naturgemäß an ihrer realen Existenz zweifeln…

Diese Menschen erkennen, ohne dass ihnen das mangels entsprechender Intelligenz in dieser abstrakten Form bewusst wird, dass in unserer Welt noch viele Dinge einfach real *sind*, sich aber unseren Wahrnehmungen entziehen, so wie wir Menschen ohne technisches Gerät auch kein TV-Programm empfangen können, es aber in jeder denkbaren Vielfalt um uns herum *ist*, egal wo wir uns aufhalten, geschweige denn überhaupt mögen…

Vielleicht ist eben *ein* wichtiges Kennzeichen des hier debilen Autisten, dass sein Gehirn zwar nicht in der Lage ist, die für ein erfolgreiches Leben von der Evolution geprägte Wahrnehmungsfähigkeit des deshalb „normalen" Gehirns zu besitzen, er dafür aber eine Art „phasenverschobene" Wahrnehmung besitzt, so dass er Dinge wahrnimmt, die wir „Normalos" nicht wahrnehmen können.

Eine meiner favorisierten Philosophen, der Franzose *Pierre Teilhard de Chardin (1881-1955)* sagte einmal: *„Wir sind nicht menschliche Wesen, die geistige Erfahrungen machen, sondern geistige Wesen, die menschliche Erfahrungen machen."* Und ich finde, er hat damit vollkommen recht.

In einigen meiner Bücher habe ich gezeigt, dass die eigentliche Grundlage, sozusagen das eigentliche „Substrat" unseres ganzen Universums wohl reine „Information" sein dürfte. Unsere Welt ist also tatsächlich wohl ein unendlicher Informationsraum und das, was wir als Raum bezeichnen, nur etwas, das darin entstand und wohl weiterhin ständig neu entsteht durch Information. Wenn dem so ist, dann steckt auch in jedem noch so kleinen Stückchen von dem, was wir – aus quantenphysikalischer Sicht schon ziemlich hochgestochen – als „Materie" bezeichnen, eine kleinste Informationsmenge. Und jedes komplexere Teil solcher „Materie" ist demnach auch zugleich ein komplexeres Stück Information. Wir ich eingangs bereits geschrieben habe, zeichnet sich die Physik dessen, was wir Materie nennen, dadurch aus, dass sie zu immer höherer Unordnung strebt, was man Entropie nennt. Das heißt, einfach gesprochen, dass

alles kommt, wächst und wieder vergeht, um neuen Dingen Platz zu machen. Ein vermutlich ewiger Kreislauf.
Demgegenüber aber gibt es – sehr zum Erstaunen der Physiker – eine polarsymmetrische Seite dazu, die zu immer höherer Ordnung strebt: Information.
Und während jede Materie zwangsläufig auf ein Ende zustrebt, damit wieder Neues *daraus* geschaffen werden kann, muss für den Informationsgehalt etwas Gegenteiliges – geradezu zwingend – gelten: Er wächst *linear und* konsequent *ohne Ende* weiter. Materie wird somit Mittel zum Zweck: Sie ist eine notwendige Kreation in dieser Welt, um das Eigentliche auf den weg zu bringen und im Laufe einer unendlichen Geschichte zu vervollkommnen.
„Sind wir nicht alle ein Gott im Werden?" Auch diese bemerkenswerte Frage stammt von Teilhard de Chardin. Und auch hier möchte ich zustimmen...
Ja, wir alle zusammen, das ganze Universum ist wohl ein Gott im werden, und alles, wir alle inbegriffen stammen von Gott ab: *Er-und-sie* ist die Grundlage der ganzen Welt und zu *ihm-und-ihr* führt alles wieder zusammen:
Perfektion in maximaler Vielfalt. Alpha und Omega.

Wir Menschen sind aus dieser Sicht nur unglaublich hochkomplexe Wesen mit einem dementsprechend hochkomplexen Informationsgehalt. Wir können deshalb mit Fug und Recht von unserem „Geist" sprechen, auch von einem „Geistkörper", der in allem so ist, wie seine „materielle Hülle", die, physikalisch betrachtet, sogar eigentlich nur pure Illusion ist; denn tatsächlich ist selbst kleinste Materie, also ein einzelnes Atom, im Grunde nichts anderes als geringste Spuren „zusammengeballter", nicht wirklich lokalisierbarer Energie, die über vergleichsweise riesige Distanzen „aneinander haften" durch nicht in derselben weise „zusammengeballter" Energie...
Tatsächlich sind wir alle, materiell betrachtet, nur ein Hauch von Nichts...

Dieses Nichts aber, energetisch betrachtet, ist phantastisch: Es ist lebendige Information, die in höchstem Maße kreativ sein kann und dazu sich selbst benutzt und verändert, um sich selbst – eben in maximaler Vielfalt – zu höchstmöglicher Perfektion zu entwickeln – oder, zu differenzieren.
Und damit können wir schnell noch eine weitere kleine Brücke schlagen: Der kleine Menschverstand sieht nur sich als materielle Struktur. Einige wenige sehen sogar darüber hinaus und erkennen hinter allem das Geistige, und damit auch das gegenüber der materiellen Struktur Unsterbliche.
Was aber fehlt ist die Erkenntnis, dass alles Geistige in dieser Welt und auf Basis der hier in Kürze dargelegten Grundlagen sich auch dann weiter entwickeln kann, wenn ihm nicht mehr derselbe materielle Körper oder wenigstens dieselbe materielle Struktur anhaftet oder er auf sie zurückgreifen kann. So wie sich Information ja erst „ihre" Materie schafft, die tatsächlich kaum eine – oder besser – gar keine ist, sondern nur von Strukturen derselben Art so wahrgenommen wird, so kann sie sich auch jede beliebige andere Form von „Materie" schaffen, die wiederum nur von Strukturen derselben Art und

desselben Aufbaus wahrgenommen werden kann. So wie wir heute wissen, dass Licht, so wie wir es wahrnehmen, tatsächlich nur einen kleinen Bruchteil eines riesigen Frequenzspektrum ausmacht, so müssen wir uns vorstellen, dass die „Existenzebene", die wir als Menschen hier auf Erden „einnehmen", nur einen kleinen Bruchteil der Existenzebenen ausmacht, die alle ineinander, mit- und nebeneinander existieren können, ohne dass sie sich gegenseitig „sinnlich" wahrnehmen, weil alle ihre „Sinne" nur in derselben Ebene funktionieren (können).

Aber keine Information geht zugrunde. Nur im Unterschied zur „Materie", die ja letztlich als Mittel zum Zweck dient, um komplexe Information zu entwickeln und in maximaler Vielfalt zu perfektionieren, kann sie quasi von Existenzebene zu Existenzebene „aufsteigen" und sich einer immer neuen, „höheren" Umgebung bedienen, um ihrem Ziel somit allmählich immer näher zu kommen.
„In Gottes Haus gibt es viele Wohnungen", so steht es in der Bibel *(Johannes, 14,2-3)*. Nur mit der optimalen Interpretation hapert es heute leider allzu oft...
Und noch etwas: „Wiedergeburten" in einem Körper derselben Existenzebene sind aus dieser Sicht genauso wenig nötig. Alle sog. „Beweise" für sie lassen sich auch ganz anders problemlos erklären; denn jede einmal entstandene und entwickelte Information, damit auch jedes Informationswesen, wie wir Menschen es ja auch eigentlich sind, ist in diesem Universum abgreifbar.
Im Internet müssen wir heute zunehmend mit Problemen kämpfen, die genau dadurch in – wenngleich natürlich vergleichbar dilettantischer Weise – immer mehr entstehen.
Aber es muss ja kein „feindliches" Abgreifen von Information dahinter stecken: Vielmehr ist auch eine durchgreifende Kommunikation möglich – nicht unbedingt bewusst, aber auf einer unbewussten oder unterbewussten Ebene.

Und was ist nun der Tod? Er ist ein Tor zu einer anderen Welt, nicht mehr und nicht weniger. Unsere Geburt brachte uns auch in eine neue Welt, und wir haben das „geistige Potential", das wir besaßen, als uns unsere Mütter zur Welt brachten, mitgenommen und auf ihm in unserem Leben bis zum heutigen Tag konsequent aufgebaut. Und wenn wir sterben, nehmen wir das bis dahin weiter differenzierte, weiter entwickelte Potential erneut mit, in eine uns bis zu unserem Tod genauso wenig wahrnehmbare neue Welt, wie die jetzige Welt für den Embryo wahrnehmbar war. So leben wir von Leben zu Leben und entwickeln uns weiter. Dass es weitergeht, ist aus dieser Sicht trivial. Wie es genau weitergeht, bleibt ein Geheimnis und solle wohl auch...

Während ich an diesem Tagungsband und auch meinem eigenen Beitrag arbeitete, starb am Dreikönigstag, den 6. Januar 2014, meine geliebte Mutter plötzlich und unerwartet bei bis dahin guter Gesundheit im Alter von fast 82 Jahren. Der Tod eines nahen Angehörigen ist nicht nur sehr traurig, sondern auch für jemanden wie mich, der von mehr als nur diesem Leben „hier auf

Erden" überzeugt ist, eine echte Prüfung. Am Tag der Beerdigung fand eine sehr schöne, harmonische und friedvolle Trauerfeier statt, auf der ich eine Ansprache hielt, die im Grunde das hier gesagte zusammenfasst. Mit Auszügen aus dieser Ansprache möchte ich meinen Beitrag an dieser Stelle abschließen:

Nun stehen wir hier in tiefer Traurigkeit und sollen – ja viele würden sagen, und müssen – endgültig Abschied nehmen. Doch ist es wirklich ein Abschied für immer – so wie es uns der Zeitgeist fast täglich einredet?
Meinung machende Medien und auch zahlreiche Wissenschaftler nähren diese Ansicht stetig in scheinbar großer Einigkeit.

Aber sind wir Menschen nicht doch weit mehr als bloß komplexe Klumpen Materie, die auf irgendeine geheimnisvolle, naturwissenschaftlich irgendwie gedeutete Art und Weise funktionieren, aber auch leben, dazu noch denken und sich ihrer selbst bewusst sind?

Ein wundervolles Gemälde wird nicht etwa durch Mengen- und Mischungsverhältnisse seiner Farben so toll und ein fantastisches Musikstück nicht durch die physikalische Beschreibung seiner einzelnen Töne.
Wundervoll wird alles immer erst durch die Wirkung, die das Kunstwerk als Ganzes auf uns hat und welche Gefühle es in uns weckt. Die Gesamtkomposition ist dazu völlig anders und immer mehr als die Summe ihrer einzelnen Teile.
Schon daran können wir leicht erkennen, dass unsere Persönlichkeit mit all dem Wissen, allen Erfahrungen und allen tiefen Gefühlen tatsächlich weit mehr sein muss, als es die noch so komplexe Materie, der noch so tolle Körper ist, wie uns leider ständig weisgemacht wird.

In allem und jedem von uns wohnt ein „eigentlicher Kern". Und dieser Kern ist selbst nicht aus Materie, sondern vielmehr – ganz allgemein – „Information".
Information, das kennen wir, gibt etwas kund. Sie strahlt eine Wirkung aus.
Im Johannesevangelium heißt es: „Am Anfang war das Wort". Die griechische Vorlage für „Wort" ist „Logos". Tatsächlich aber heißt „logos" noch viel mehr als nur Wort, z.B. auch „Sinn", „geistiges Vermögen" und „Vernunft" oder, heute eben sehr modern, einfach auch nur „Information".
Jeder Mensch ist natürlich ein höchst komplexer Körper, aber er ist noch mehr: Genauso ist er auch ein höchst komplexes, diesem Körper innewohnendes und in sich untereinander genial kommunizierendes „Informationsnetzwerk", praktisch also eine Art „Geistkörper", oder vereinfacht nur „Geist" oder religiös formuliert: eine „Seele".
Nicht hat er einen Geist oder Seele, nein er ist auch ein Geist oder eine Seele!
Und das so wundersam wunderbare, kommunikative Zusammenspiel dieses „Geistes" nennen wir „Leben"!
Die Evolution des ganzen Universums und genauso die des „Lebens" auf unserer Erde ist somit tatsächlich wohl vor allem eine Evolution des Geistes.

Und auch in jedem Einzelnen von uns entwickelt sich das Geistige stets konsequent aufwärts, vom Beginn unseres Lebens bis zum Tod! Nun aber frage ich einfach: Wieso eigentlich sollte dann eine solche Entwicklung durch den Tod so abrupt und dazu endgültig gestoppt werden?

Alles in unserer Welt hat zwei Seiten. Und diese beiden Seiten sind stets spiegelbildlich und entgegengesetzt. Die Physik lehrt uns heute, dass alles Materielle, also jeder Körper dieser Welt, stetig zu immer größerer **Un**ordnung strebt und sich somit zwangsläufig einmal in seine Einzelteile auflösen muss, damit so wieder Neues entstehen kann. Erde zu Erde und Staub zu Staub!
Aber dieselbe Physik zeigt uns heute auch, dass es hierzu ein Spiegelbild gibt, das genauso konsequent zu immer größerer und höherer Ordnung strebt: Es ist die „Information von allem und in allem". Einmal irgendwann und irgendwo begonnen, setzt sich diese Entwicklung auf ewig fort: Unaufhaltsam und unzerstörbar!

Unser materieller Körper, ja alles Materielle dieser Welt, ist somit ganz offensichtlich nur ein Vehikel für das Eigentliche tief in uns und allem! Materie muss entstehen und wieder vergehen, dabei sich ständig umwandeln, um so immer wieder aufs Neue Geistiges als den eigentlichen Kern darin – und so auch in uns – zu schaffen und ihm eine Chance auf dann ewige Entwicklung und Entfaltung zu geben: Perfektion des Geistes in maximaler Vielfalt.

Der Evangelist Johannes schreibt gleich zu Beginn: „Am Anfang war das Wort und das Wort stand bei Gott und Gott war das Wort!" Und etwas später heißt es: „In ihm war das Leben, und das Leben war das Licht des Menschen. Und das Licht scheint in der Finsternis, und die Finsternis hat es nicht ergriffen."
Wählen wir nun für „logos" anstatt „Wort" den modernen Begriff „Information" oder bleiben wir philosophisch und sprechen von „Geist" oder religiös von „Seele":
Geist und Seele sind der eigentliche Kern unserer menschlichen Persönlichkeit und stammt von Gott und besitzt Leben, eine geheimnisvolle Form von Energie oder auch Kraft. Johannes nennt sie so zutreffend „das Licht des Menschen". Und dieser lebendige Geist entwickelt sich unaufhaltsam und unzerstörbar immer weiter fort: DENN „Das Licht scheint in der Finsternis, und die Finsternis hat es nicht ergriffen.".
Die Finsternis aber ist der Tod! Dieser Tod kann den eigentlichen Kern von allem und jedem, dieses „Licht des Menschen", unser aller „Leben", und damit auch unsere ganze Persönlichkeit, die tatsächlich etwas Geistiges ist, nicht und niemals zerstören!
Auch genau das gehört zur zentralen christlichen Botschaft von der „Auferstehung"!

Viele können und manche wollen sich das nicht vorstellen. Deshalb möchte ich *an dieser Stelle eine treffliche Metapher vorlesen, den wunderschönen „Dialog der Zwillinge im Mutterleib" des niederländischen Philosophen und Theologen Henri Nouwen (1932-1996):*

Es geschah, dass in einem Schoß Zwillingsbrüder empfangen wurden. Die Wochen vergingen und die Knaben wuchsen heran. In dem Maß, in dem ihr Bewusstsein wuchs, stieg die Freude.
"Sag, ist es nicht großartig, dass wir empfangen wurden? Ist es nicht wunderbar, dass wir leben?" Die Zwillinge begannen ihre Welt zu entdecken. Als sie die Schnur fanden, die sie mit ihrer Mutter verband und die ihnen die Nahrung gab, da sangen sie vor Freude: "Wie groß ist die Liebe unserer Mutter, dass sie ihr eigenes Leben mit uns teilt!"

Als aber die Wochen vergingen und schließlich zu Monaten wurden, merkten sie plötzlich, wie sehr sie sich verändert hatten.
"Was soll das heißen?" fragte der eine. "Das heißt", antwortete der andere, "dass unser Aufenthalt in dieser Welt bald seinem Ende zugeht."

"Ich will doch gar nicht gehen", entgegnete der andere, "aber vielleicht kommt noch irgendetwas nach der Geburt!"
"Wie könnte das sein?" fragte zweifelnd der erste, "wir werden unsere Lebensschnur verlieren, und wie sollten wir ohne sie leben können? Und außerdem haben auch schon andere vor uns diesen Schoß hier verlassen und keiner von denen ist zurückgekehrt und hat uns gesagt, dass es noch irgendeine Hoffnung gibt! Nein, die Geburt ist das Ende!"

So fiel der eine von ihnen in tiefen Kummer und sagte: "Wenn unser Leben mit der Geburt endgültig endet, welchen Sinn hat es denn dann gehabt? Gar keinen! Womöglich gibt es gar keine Mutter hinter alledem".
"Aber sie muss doch existieren", prophezeite der andere, "wie sollten wir sonst hierher gekommen sein. Und wie konnten wir am Leben bleiben?"
"Hast du je unsere Mutter gesehen?" fragte der eine. "Womöglich lebt sie nur in unserer Vorstellung. Wir haben sie uns erdacht, weil wir uns dadurch unser Leben besser erklären können".
Und so waren die letzten Tage im Schoß der Mutter gefüllt mit vielen Fragen und großer Angst.
Schließlich kam der Moment der Geburt. Als die Zwillinge ihre Welt verlassen hatten, öffneten sich ihre Augen. Sie schrien!
Doch was sie sahen, übertraf ihre kühnsten Träume.

Liebe Trauergäste:
Wir alle – ohne Ausnahme – leben auch über den Tod hinaus weiter, und unser Tod ist somit tatsächlich nur das Tor zu einer höheren Wirklichkeit der absoluten Wahrheit, in der wir alle bei Gott auf neue Aufgaben warten.

Liebe Mutter,
Wir sehen materielle Körper und beschreiben dahinter eine Kraft, die wir Energie nennen. Aber das ist nur die kleine Spitze des riesigen Eisbergs! Unseren Geist, unser Bewusstsein und unsere Seele können wir schon nicht mehr sehen, aber erkennen, wenn wir es wollen. Die Kraft dahinter ist das Leben.
Dein Körper ist nun am Ende. Das macht uns alle unsagbar traurig. Aber wir wissen auch: Das Leben und damit Du, Deine Persönlichkeit sind tatsächlich unzerstörbar. Du bleibst erhalten und lebst weiter; denn hinter allem steht Gott und seine Kraft ist die Liebe, weshalb wir, sofern wir in Liebe leben, auch nach Gottes Bild erschaffen sind...
Dereinst werden wir uns auf derselben Ebene wieder erkennen, die Du heute schon erklommen hast und von der Du uns weiter wahrnehmen kannst und wirst, wann immer Du es willst und wir in Liebe an Dich denken.
Und bei aller Traurigkeit freue ich mich für Dich, dass Du jetzt wieder mit unserem geliebten Vater und Opa Werner van Laack und so vielen anderen vereint bist. Grüße ihn, grüße sie bitte ganz herzlich von uns.

Liebe Mutter, liebe Oma, ich – wir lieben Dich! Dein Sohn Walter

Literatur

Heilige Schrift (Die Bibel): Die Heilige Schrift des Alten und Neuen Bundes, Herder (1965)
Heilige Schrift: die vierundzwanzig Bücher der Heiligen Schrift, übersetzt von L. Zunz, Goldschmidt (1995)
Heilige Schrift (Die Bibel): Elberfelder Bibel, revidierte Fassung, Brockhaus (1996)
Nouwen, H., „Dialog der Zwillinge im Mutterleib", in: „Die Gabe der Vollendung. Mit dem Sterben leben", Herder (1994)
Sacks, O., „Der Mann, der seine Frau mit einem Hut verwechselte", Rowohlt (1990)
Sheldrake, R., „Das Gedächtnis der Natur --- Das Geheimnis der Entstehung der Formen in der Natur", Scherz (1992)
Teilhard de Chardin, P., „Die Entstehung des Menschen", C.H. Beck (1981)
Teilhard de Chardin, P., „Der Mensch im Kosmos", C.H. Beck (1981)

Umgang mit Sprache und Begriffen bei Nahtod- und Nachtoderlebnissen

Prof. Dr. Günter Ewald
Mathematiker, Physiker, Philosoph
www.prof-dr-ewald.de

Wenn es um ein Musikerlebnis geht, dann sind alle einig, dass eine sprachliche Beschreibung der gespielten Musik wenig zu diesem Erlebnis beitragen kann, auch nicht eine wissenschaftliche Untersuchung über die Partitur oder die Instrumente. Bei Nahtod- oder Nachtoderlebnissen ist das anders. Zum einen hatte nicht jeder ein solches Erlebnis und wird eine Beziehung dazu für die anderen sprachlich vermittelt. Zum andern ist auch für Betroffene die Frage fundamental, wie das außergewöhnliche Ereignis in unser allgemeines oder gar wissenschaftliches Weltverstehen einzuordnen ist. Inwiefern ist es im Unterschied zum Musikerlebnis mehr als eine subjektive Erfahrung?

Medizin und Naturwissenschaft werden auf den Plan gerufen und versuchen, in ihren Begriffen das außergewöhnlich Erlebte ähnlich wie eine Krankheit zu beschreiben und gegebenenfalls zu behandeln. Wie weit kommen sie?
Neue Fragen entstehen im Umgang mit alten Begriffen und ihren Wirklichkeitshintergrund. Ehe wir einige davon angehen, seien aber in einem ersten Teil ein paar allgemeine Reflexionen über die Rolle von Sprache und Begrifflichkeit, insbesondere in der Wissenschaft, vorausgeschickt.

I.

Menschliche Sprache ist nicht im luftleeren Raum entstanden, sondern in einer lebendigen Natur, erfüllt von Lebewesen, die schon non-verbal kommunizieren und von Erfahrungen geprägt sind. Sprache hat sich nicht so entwickelt, dass sich Menschen auf Bezeichnungen für Dinge geeinigt und logische Ordnung hineingebracht haben. Sprache ist aus Beziehung hervorgegangen, wie der große jüdische Gelehrte Martin Buber gesagt hat, aus dem Übergang vom Ich-Du, von einer unreflektiert-ganzheitlichen Beziehung zum Sein, zum Ich-Es der in Getrenntes zerfallenden Dingwelt. Dieser Bruch zerstörte zwar eine ursprüngliche Einheit, aber dieser Bruch war ein notwendiger, um einen geistigen Kosmos werden zu lassen, in dem der Mensch seiner selbst bewusst wird. Der Fall in die Sprache nahm die Unschuld des unreflektierten Lebens hinweg und brachte freies Gestalten sowie Verantwortung hervor. Buber hat dies schon 1923 in seinem Büchlein „Ich und Du" auseinandergelegt, wo er etwa sagt (S. 24):

Das aber ist die erhabene Schwermut unseres Loses, dass jedes Du in unserer Welt zum Es werden muss.

Man mag an das Erleben des Sternenhimmels denken mit seiner erhabenen Schönheit und seinen mythischen Geheimnissen. Dass er aus Materieklumpen besteht, für die Keplers Gesetze gelten, ist zwar kreative Erkenntnis, bricht aber das Ich-Du-Erleben zum Ich-Es der dinghaften Weltbetrachtung. Aus Beziehung wird Begriff in einem sehr allgemeinen Sinne. So ist langsam unsre von Rationalität und Wissenschaft durchdrungene Welt geworden.

Das Werden von Sprache als Übergang vom Ich-Du zum Ich-Es spiegelt sich in der Entwicklung eines Neugeborenen. Noch einmal Buber (S. 35):

Es ist eben nicht so, dass das Kind erst einen Gegenstand wahrnähme, dann etwa sich in Beziehung dazu setzte; sondern das Beziehungsstreben ist das erste, die aufgewölbte Hand, in die sich das Gegenüber schmiegt; die Beziehung zu diesem, eine wortlose Vorgestalt des Dusagens, das zweite; das Dingwerden aber ein spätes Produkt, aus der Zerscheidung der Urerlebnisse, der Trennung der verbundenen Partner hervorgegangen – wie das Ichwerden. Im Anfang ist die Beziehung: Als Kategorie des Wesens, als Bereitschaft, fassende Form, ... , das Apriori der Beziehung; das eingeborene Du.

Man kann beim Kleinkind eindrucksvoll beobachten, wie aus dem mit den Händen Be-Greifen allmählich der Begriff wird, sich ein Ding aus der Beziehung löst und zum benannten Objekt wird. Das ist symbolisch für den Weg, den die Sprache von den Urvölkern her zu uns genommen hat. *„Man darf vermuten"*, so Buber (S. 26), *„dass sich die Beziehungen und Begriffe, aber auch die Vorstellung von Personen und Dingen aus Vorstellungen von Beziehungsvorgängen und Beziehungszuständen herausgelöst haben. Die elementaren, geistweckenden Eindrücke und Erregungen des ‚Naturmenschen' sind die von Beziehungsvorgängen, Erleben eines Gegenüber und Beziehungszuständen, Leben mit einem Gegenüber herrührenden".*

Nun ist es nicht nur eine bedauernde Feststellung, dass sich die menschliche Sprache in der zivilisierten Welt fortschreitend von der Beziehungsstruktur gelöst hat und verdinglicht wurde. Im Prinzip war dieser Prozess zwar notwendig, aber nicht dem Umfang nach. Uns stellt sich die Frage, was leichtsinnig preisgegeben wurde und welche Erkenntnisquellen man hat versiegen lassen. Die Sprache der Wissenschaft insbesondere soll zwar in ihrer Rationalität nicht angetastet aber in ihrer Tragweite und möglichen Selbstüberschätzung hinterfragt werden. Das sei die Grundlage - an Martin Buber orientiert - auf der wir über das sensible Gebiet der Nahtoderfahrungen und Nachtodkontakte sprechen.

II.

Beginnen wir mit der Frage: Was ist eine außerkörperliche Erfahrung, also ein Schwebeerlebnis, bei dem der oder die Betroffene sich von außen sieht und samt der Geschehnisse um sich herum beobachtet und später präzise beschreiben kann? Sie ist eines der Merkmale einer Nahtoderfahrung und wird von mehr als der Hälfte aller Nahtodbetroffenen berichtet, tritt aber auch unabhängig von Nahtoderfahrungen auf und kann mit einer ausgefeilten Methode von Suggestion hervorgerufen werden. In den vergangenen Jahren ist eine ganze Reihe von Arbeiten der Hirnforschung erschienen, die von sich beanspruchen, dass sie das Phänomen erklären können.

Bei diesem Anspruch sollte man bereits stutzig werden. Denn unter „Erklären" wird oft „Auslösen" oder „in Gang setzen" verstanden, etwa welche Stelle im Schläfenlappen des Gehirns gereizt werden muss, um die Illusion des Schwebens hervorzurufen. „Erklären" ist aber mehr. Wenn ich einen Schalter drehe und es ertönt Musik, dann erklärt eine genaue Kenntnis des Schalters noch nicht die Musik. Es kann sein, dass ich eine Musikanlage einschalte, es kann aber auch sein, dass ich damit eine im benachbarten Raum wartende Gruppe von Musikern auffordere herein zu kommen und life zu musizieren. Und auch dann ist noch offen, auf welchen Instrumenten die Musiker welche Musik spielen. - Bei der außerkörperlichen Erfahrung steht dahin, ob das ausgelöste Erlebnis subjektiv-traumartig ist oder ob ein Kanal geöffnet wurde, durch den nicht vom Gehirn stammende Wirkungen erfolgen. Das allerdings wird in der traditionellen Neurobiologie gar nicht gefragt, weil das nicht sein darf. Der als medizinisches Objekt verdinglichte Mensch hat nur Erlebnisse mit materieller Basis in seinem Gehirn. In dem Sprachverständnis aber, das wir hier zugrunde legen, fragen wir nach der Beziehungsstruktur, in die das jeweilige Erlebnis eingebettet ist. Für Schamanen kann es selbstverständlich weiter reichen als nur ins Traumartige.

Aber auch für eine nicht-materialistisch eingeengte Medizin öffnen sich neue Perspektiven seit den Untersuchungen der so genannten van Lommel-Studie, die 2001 veröffentlicht wurde. In ihr wird von dem niederländischen Kardiologen van Lommel gezeigt, dass wiederbelebte Patienten von Wahrnehmungen im außerkörperlichen Erlebnis berichtet haben, die sie während des Herzstillstandes hatten und die nicht von Hirntätigkeit hervorgerufen sein konnten. Das fordert eine Erklärung mit anderen Mitteln als denen der klassischen Neurobiologie heraus – oder wenigstens das Eingeständnis, dass eine Erklärung nicht existiert. Es gehört zu den Kennzeichen einer unzulässig verdinglichten Sprache, dass sie gern ein Teil zum Ganzen erhebt, besonders bei so komplexen Begriffen wie „außerkörperliche Erfahrung".

Man versucht erwartungsgemäß erbittert, die van Lommel-Studie doch noch zu Fall zu bringen. Denn hier geht es nicht darum, unwissenschaftliche

Alternativmedizin abzuwehren, sondern das gewohnte wissenschaftliche Denksystem in Frage zu stellen. Der Konflikt selbst ist nicht neu. Man findet ihn beispielsweise in Auseinandersetzungen zwischen Sigmund Freud und Carl-Gustav Jung im frühen 20. Jahrhundert. Freud bestritt heftig jegliche paranormale Wirklichkeit. Allerdings änderte er in späteren Jahren seine Meinung grundlegend und dehnte die Möglichkeit von Telepathie sogar auf das Tierreich aus, etwa bei Ameisenstaaten als Kommunikationsform zwischen Königin und Arbeitsameisen. Besonders interessant in unserem Zusammenhang ist, dass Freud Telepathie als wahrscheinliche Verständigungsform bei höher entwickelten Lebewesen zwischen Muttertier und Jungem ansah, ehe eine Kontaktaufnahme durch Pieplaute oder andere Sinnessignale sich in der Evolution entwickelt hatte. Telepathie gehört danach zu einer Vorform der Ich-Du-Beziehung in der Tierwelt.

III.

Hier taucht die Frage auf: Wo spielen sich, räumlich gesehen, menschliche Erlebnisse überhaupt ab, alltägliche sowohl wie solche von der Art außerkörperlicher Erfahrungen oder Nachtodbegegnungen. Lassen Sie mich als nächsten Begriff den des Raumes thematisieren. Auch der physikalische Raum ist zunächst ein Erlebnisraum Er wurde in der klassischen Physik zugespitzt abstrahiert zu einem mit drei reellen Zahlendimensionen beschreibbaren Gebilde, eine Vorstellung, die zwar eine nützliche modellhafte Darstellung ungeheuer vieler physikalischer Phänomene gestattet, philosophisch aber als Gleichheit falsch ist. Erst die Quantenphysik hat diese im Grunde banale Erkenntnis deutlich gemacht. Physikalische und mathematische Raumdimensionen sind nicht dasselbe. Die Dreidimensionalität des physikalischen Raumes ergibt sich aus unseren Sinneserfahrungen, vor allem den optischen und taktilen. Eine besondere Form der Quantentheorie, die Superstringtheorie, beschreibt materielle Prozesse in einer 10- oder 11-dimensionalen Raumzeit; die kleinsten Teilchen sind dabei winzige Schwingungsgebilde mathematisch eindimensionaler Strings (Fäden). Es ist also eine delikate Angelegenheit, mit höheren Dimensionen umzugehen – ein beliebtes Feld pseudophysikalischer Spekulationen. Wir wissen letztlich nicht, was physikalischer Raum ist in seiner relativistischen Verflechtung mit der Zeit. Und Erfahrung, Geschehen setzt stets Räumlichkeit und Zeitlichkeit voraus, wie es das Kantische Apriori ausdrückt. Das gilt auch für die Relativitätstheorie, wie Einstein ausdrücklich betont hat. Wir wissen nicht wirklich, was das komplexe Gebilde Raumzeit ist, insbesondere nicht, wie es sich zu paranormalen, transzendenten oder jenseitigen Geschehnissen verhält, ob die Grenzen dahin fließend sind oder Trennungswände existieren. Wenn wir von „Geschehen" welcher Art auch immer reden, dann ist es sinnlos, dieses außerhalb von Raum und Zeit zu verlegen, wie man das oft liest, denn „Geschehen" ist schon sprachlich ein zeitlicher Begriff, setzt also Zeit voraus. Und es manifestiert sich in Schwingungsräumen, ob es „Materielles" enthält oder nicht.

Das klingt sicher alles ein wenig kompliziert. Aber es soll deutlich machen, dass gerade ein kritischer und behutsamer Umgang mit Sprache nicht unser Weltverständnis verengt, sondern unseren Blick öffnet für den großen Reichtum diesseitiger und jenseitiger Wirklichkeit.

IV.

Versuchen wir, das nun an einem dritten Schlüsselbegriff zu vertiefen, dem des Bewusstseins. Er gehört zu den Begriffen, die besonders reich an Art und Weisen der Verwendung sind. Da ist zunächst das Bewusste gegenüber dem Unbewussten, also eine besondere Weise der denkenden Selbstbezogenheit, die wir Bewusstsein nennen. Dann aber wird die Gesamtheit der geistigen und psychischen Äußerungen eines Menschen Bewusstsein genannt, das Unbewusste also eingeschlossen. In der Hirnbiologie und Hirnpsychologie fasst man weithin die Gesamtheit der Hirntätigkeit eines Menschen als Bewusstsein auf. Wie wir am Beispiel der außerkörperlichen Erfahrungen sahen, steht hierbei das Problem im Raum, ob überhaupt alles Geistige und Psychische des Menschen hirnbasiert ist. Schließlich wird von einem universalen Bewusstsein gesprochen, das wiederum in verschiedener Art und Weise in Beziehung zum individuellen Bewusstsein gesetzt wird.

Wir wollen gar nicht erst versuchen, Ordnung in diese Vielfalt zu bringen. Uns interessieren zwei Probleme. Das eine ist die Frage nach dem Subjekt, das die so oder so verstandenen Bewusstseinszustände hat, insbesondere bei Nahtod- und Nachtoderfahrungen. Das andere betrifft das Verhältnis von individuellem und universalem Bewusstsein.

Für materialistisches Denken ist die Sache mit dem Subjekt klar: Es handelt sich um das Gehirn als Träger aller geistigen und psychischen Prozesse und Informationen. Nimmt man aber nicht diesen Standpunkt ein, dann ist auch die Frage nach dem Subjekt zu beantworten. Wer ist es, der eine außerkörperliche Erfahrung hat oder ein Tunnel - Lichterlebnis, bei dem er vielleicht sogar verstorbene Freunde trifft? Wer hat vielleicht mitten am Tag eine Begegnung mit einem Verstorbenen? – Oft wird auch von Nicht-Materialisten einfach „das Bewusstsein" als Subjekt betrachtet. Das erscheint mir unbefriedigend, wenn nicht aus dem Zusammenhang klar ist, dass nicht ein veränderlicher Zustand gemeint ist, sondern eine dauerhafte Identität, eine Ganzheit, die in Zuständen sein kann, die aber auch eine Lebensgeschichte trägt, die seine Identität mit gestaltet hat. Aus Panorama-Erlebnissen innerhalb von Nahtoderfahrungen wissen wir, wie auch scheinbar längst vergessene Erlebnisse bis in kleine Details präsent sind, Sie gehören zu dem Ich, das die Erinnerungen hat. Ich bin nicht nur mein Körper mit seinen Funktionen, ich bin auch meine Lebensgeschichte.

Und die große Alternative zum naturalistisch-materialistischen Menschenbild besteht darin, dass das menschliche Ich eine Gestalt dieser ganzheitlichen Identität in sich birgt, die über den Tod hinaus bestehen bleibt. Durch die Erkenntnisse über Nahtoderfahrungen und Nachtodbegegnungen wird das nahe gelegt und durch das Denken der Quantenphysik mit dem naturwissenschaftlichen Weltverständnis in Einklang gebracht. Es erscheint mir sinnvoll, dieser Ganzheit einen eigenen Namen zu geben. Ich schlage dafür den alten Begriff der Seele vor. Er drückt das Wesentliche in einem historisch gewachsenen allgemeinen Sprachgebrauch aus. Von der speziellen Verwendung des Begriffes bei Plato, Aristoteles oder den Scholastikern sehen wir dabei ab. Gegenüber dem Leib-Seele-Dualismus von Descartes sei die Seele als neue Wirklichkeitsform verstanden, im erweiterten Rahmen dessen, was durch die quantenphysikalische „Verschränkung" zunächst für die physikalische Welt entdeckt wurde, aber von universaler Bedeutung ist. „Seele" denken wir uns als übergreifende Wirklichkeitsgestalt, die mit Leib, Psyche und Geist verschränkt ist, im Leben mit heranwächst, sich dann aber zu lösen vermag und die Identität des Ich bewahrt.

Auf diese Weise plädiere ich für ein neues Menschenbild gegenüber dem naturalistischen wie es in Psychologie und Neurologie verbreitet ist und konsequenter Weise den Begriff Seele beiseite gedrängt hat. (In einem Psychologie-Lexikon des 20. Jahrhunderts, das ich mir einmal angeschafft habe, ist der Begriff „Seele" überhaupt nicht angeführt). Man mag dann Bewusstsein als das ansehen, das die Seele in ihrer leiblichen Integration umfasst und die sterbliche hirnbiologische Manifestierung enthält. Entscheidend ist nicht, dass das Wort „Seele" benutzt wird, sondern dass die darin ausgedrückte den Tod überdauernde menschliche Identität zum Ausdruck kommt, die die Lebensgeschichte des Menschen als unverwechselbares Merkmal enthält.

V.

Wenden wir uns mit der so verstandenen Seele einem letzten Begriff zu, der das sicherlich tiefste Geschehen in einem Nahtoderlebnis markiert, nämlich dem einer mystischen Verschmelzung mit dem Ewigen, dem „endlosen Bewusstsein", dem universalen Licht oder wie immer das unsagbar Äußerste umschrieben wird, eine Form der Ekstase, wie sie auch unabhängig von Nahtoderfahrungen Mystiker berichten. In esoterischer Übertreibung wird oft davon gesprochen, dass sich das individuelle Bewusstsein vollständig im Meer des universalen auflöst, die Individualität, das Ich dabei völlig verschwindet.. Demgegenüber möchte ich Martin Buber folgen, der in diesem Erlebnis das

innige Eintauchen des Ich in das ewige Du Gottes erblickt. Buber gibt zu, dass er das selbst früher falsch gesehen hat und sieht durchaus kritisch die Darstellung bei manchen Mystikern. Er sagt („Ich und Du" S. 104):
Was der Ekstatiker Einung nennt, das ist die verzückende Dynamik der Beziehung; nicht eine in diesem Augenblick der Weltzeit entstandene Einheit, die Ich und Du verschmilzt, sondern die Dynamik der Beziehung selbst, die sich vor deren einander unverrückbar gegenüberstehende Träger stellen und sie dem Gefühl des Verzückten verdecken kann. Hier waltet dann eine randhafte Übersteigerung des Beziehungsakts; die Beziehung selbst, ihre vitale Einheit wird so vehement empfunden, dass ihre Glieder zu verblassen scheinen, dass über i h r e m Leben das Ich und das Du, zwischen denen sie gestiftet ist, vergessen werden."

„Seele" verstehen wir als bleibenden Träger der Ich-Du-Beziehung, die in dem großen Lichterlebnis einer Nahtoderfahrung ihrer höchsten Gestalt im ewigen Du zustrebt und dabei sich von der liebenden individuellen Du-Beziehung zum Nächsten nicht verabschiedet, sondern gerade dafür neue innere Kraft gewinnt. (Näher ausgeführt in meinem Beitrag „Auf den Spuren der Nahtoderfahrungen. Gibt es eine unsterbliche Seele?").

VI.

Mag dieser kurze Streifzug durch das Reden über Grenzerfahrungen genügen, unser Kernanliegen zu verdeutlichen: Unsre verdinglichte Sprache, auch die der Wissenschaft, braucht uns, kritisch besehen, nicht in ein materialistisches Denkschema hinabzuzerren und den Blick für die großen Perspektiven zu trüben, die mit Jenseitserfahrungen verbunden ist. Auf dem Hintergrund der Urbeziehung des Ich-Du gewachsen, führt uns Sprache in der hier dargelegten Sichtweise und angesichts der Grenzerlebnisse über die verdinglichte Begriffswelt des Ich-Es zurück zur Vision der Heimat des Ich im ewigen Du, die nur umrisshaft in Worte zu fassen ist aber auf reales Geschehen hindeutet und einer Hoffnung über den Tod hinaus Raum gibt.

Literatur

Buber, Martin: *Ich und Du,* 12. Auflage, Schneider, Gerlingen 1994
Ewald, Günter: *Auf den Spuren der Nahtoderfahrungen. Gibt es eine unsterbliche Seele?,* 5. Auflage, Butzon und Bercker, Kevelaer 2013

Buchauswahl von Prof. Dr. Günter Ewald:

Wiss. Buchgesellschaft (2006)
978-3534196159

Topos (2008)
978-3836705912

Butzon&Bercker (2011)
ISBN 978-3766615442

„Segelfalter – Dokumentation eines Nachtodkontaktes"

Andrea Freifrau von Wilmowsky
Intensiv-Krankenschwester, Buchautorin
www.segelfalter.de

Das Thema des diesjährigen Aachener Seminars „Schnittstelle Tod" war ein besonderes: „Was spricht für unser Weiterleben nach dem Tode?" Eine Frage, die viele umtreibt. Ich für mich habe die Antwort in den letzten Jahren gefunden: Es spricht vieles dafür, sehr viel!
Für diese Aussage gibt es gute Gründe:
Erstens habe ich mich fast ein Vierteljahrhundert als Fachkrankenschwester auf Intensivstationen mit den Themen Krankheit, Tod und Sterben auseinandergesetzt. In meinem beruflichen Alltag sah ich so manches, das in keinem naturwissenschaftlichen Lehrbuch steht. So wurden mir z.B. von Patienten immer wieder Nahtoderfahrungen mit zahlreichen Details geschildert; ich erlebte besondere Phänomene in Todesnähe von Patienten und ich sah hirntote Patienten auf einmal reagieren.
Zweitens erlebe ich selbst seit nunmehr fast 5 Jahren einen intensiven Nachtodkontakt zu einem Menschen, mit dem ich einmal außerordentlich eng verbunden war und von dessen Tod ich lange nichts wusste. Das Thema „Hirntod" war und ist der rote Faden, der sich durch unser beider Leben zieht; denn Anfang und vorläufiges Ende unserer Beziehung war ein hirntoter Mensch.

Unsere Geschichte habe ich genau aufgeschrieben: „Segelfalter" heißt mein Buch, das ich im vergangenen Jahr veröffentlicht habe. Den Segelfalter, diesen ganz besonderen Schmetterling, hat es wirklich gegeben. Er wurde zum Symbol für eine Liebe, einen Menschen und ein Leben.
Die Ereignisse, die zu meinem Buch führten, hatten viel mit unseren Berufen zu tun. Als wir uns ineinander verliebten, war ich Intensivschwester und er, J., Medizinstudent. Schließlich wurde er Arzt. Wir waren damals weder gläubig noch esoterisch geprägt, eher Atheisten mit einer naturwissenschaftlichen Weltsicht. Dennoch haben wir die Augen vor den Dingen, die nicht dazu passten, nie verschlossen. Niemals jedoch hätten wir uns vorstellen können, dass es Nachtodkontakte gibt, und noch weniger, dass WIR sie erleben würden.

Als junge Schwester war mein Verhältnis zum Tod gespalten. So glaubte ich lange, alles über das Sterben und den Tod zu wissen. Nach dem Tod kam nichts mehr, da war ich mir sicher. Aus, vorbei, das war's. Ein wenig fürchtete ich mich vor dem Unfassbaren. Ich tat an den Sterbenden das Nötige, hielt mich aber sonst wie auch viele meiner Kolleginnen lieber von ihnen fern.
Nach einigen Jahren hatte sich das verändert. Ich blieb bei den sterbenden Menschen solange ich konnte. Das wurden dann manchmal sogar ganz

besonders berührende Momente, in denen ich merkwürdige Erfahrungen machen konnte: Sterbende sprachen mit imaginären Personen an der Decke oder in einer Zimmerecke. Sie streckten die Hände nach ihren Eltern, dem bereits verstorbenen Ehepartner oder verstorbenen Kindern aus – immer zu Personen, die ich im Unterschied zu ihnen nicht sehen konnte. Wenn ihre Angehörigen schwer unter der ausweglosen Situation litten, starben manche erst dann, wenn ihre Verwandten gerade, manchmal nur kurz, das Zimmer verlassen hatten. Mir kam es vor, als hätten sie diesen Moment *bewusst* gewählt, um sich ungestört davonstehlen zu können... Manchmal zögerten sie auch ihren Tod hinaus, um noch auf jemanden zu warten. Wie das gehen konnte, war mir ein Rätsel.

Den Augenblick des Todes kann man oft sehen. Nicht nur, weil die Patienten dann aufhören zu atmen (das tun sie übrigens manchmal schon sehr viel früher), sondern weil sie dann schlagartig anders aussehen. Ich empfand das immer so: Es ist, als fehlte ihnen ab einem gewissen Moment das Wesentliche – das, was sie wirklich ausgemacht hatte. Plötzlich lag da nur noch eine leere Hülle. Manchmal hatte ich auch das Gefühl, als sei die Umgebung kälter geworden oder sähe irgendwie anders aus. Farben oder Proportionen schienen sich zu ändern. Alles bloß Einbildung, dachte ich. Vorsichtshalber öffnete ich aber trotzdem dann das Fenster, um die vielleicht wirklich vorhandene Seele hinauszulassen, wie es schon die Alten taten. Man konnte ja nie wissen...

Während meiner mehr als 20 Berufsjahre in diesem Bereich erlebte ich oft Außergewöhnliches. Zwei dieser merkwürdigen Begebenheiten möchte ich nun erzählen:

Eines Tages kam eine Frau nach einem schweren Herzinfarkt unter Reanimationsbedingungen auf unsere Station. Die Wiederbelebung lief während der Fahrt zum Krankenhaus schon eine ganze Weile. Es sah nicht so aus, als ob es noch eine Chance auf ihr Überleben gäbe – sie war bereits klinisch tot. Wir waren erst unschlüssig, ob wir mit der Reanimation fortfahren sollten, taten es dann aber doch. Es wurde die chaotischste Reanimation, die ich jemals erlebt hatte. Zu viele Leute traten einander auf die Füße und behinderten sich gegenseitig. Eine Infusionsflasche wurde in diesem Chaos vom Tisch gefegt und ging zu Bruch.

Ich war damals jung verheiratet. Mein Mann hatte mir aus Sperrholz eine Haarspange in Form einer Rose ausgesägt. Diese Spange trug ich an jenem Tage. Sie muss mir jedoch irgendwann aus meinen langen Haaren heraus gerutscht und zu Boden gefallen sein. Dort wurde sie zertreten. Ich bemerkte das allerdings erst, als die Reanimation bereits erfolgreich beendet war. Unsere Patientin hatte vorerst überlebt. Keiner hätte gedacht, dass dies von langer Dauer sein würde. Sie war immer noch tief bewusstlos, als ich mich nach diesem Dienst in einen dreiwöchigen Urlaub verabschiedete.

Als ich nach meinen Ferien zum ersten Dienst erschien, sah ich diese Patientin wieder. Es ging ihr nicht gut, aber sie war bei Bewusstsein und gelegentlich konnten wir uns sogar kurz unterhalten. Irgendwann fragte sie mich so ganz nebenbei: "Wo ist denn Ihre schöne Haarspange geblieben?" Ich antwortete,

dass diese zu meinem allergrößten Bedauern vor einiger Zeit kaputtgegangen sei. Irgendwas aber machte mich an dieser Frage stutzig – irgendetwas war komisch daran... Aber ich hatte immer sehr viel zu tun und so dachte ich nicht weiter darüber nach. Mein Unterbewusstsein muss das aber doch getan haben; denn nach etwa 3 Tagen überfiel mich auf der Heimfahrt mit dem Motorrad mitten auf einer Landstraße die Erkenntnis: Die kann sie doch gar nicht gesehen haben!? Ich war so erschrocken, dass ich mit quietschenden Bremsen sofort anhalten musste. Das war ja ein Schock! Ich konnte es bis zu meinem nächsten Dienst fast nicht aushalten und fragte die Patientin sofort, woher sie denn meine Spange kannte. Daraufhin erzählte sie mir Folgendes: Während der Reanimation hat sie sich außerhalb ihres Körpers an der Zimmerdecke in einer Ecke schwebend erlebt. Sie blickte von oben auf die ganze Szene herab und wusste, dass eigentlich sie da unten liegt und wir uns an ihr abmühten. Das hat sie aber gar nicht berührt. Sie beobachtete alles. Sie sah auch, wer meine Spange zertreten hatte und konnte mir eine Beschreibung des „Übeltäters" geben. Es war ein Arzt, und das wusste ich bis zu diesem Zeitpunkt noch gar nicht. Sie hatte auch beobachtet, wie die Glasflasche auf den Boden schlug und zersprang. Ich war sprachlos über das, was sie sagte. Und sie erzählte mir noch mehr: In diesem höchst merkwürdigen Zustand hat sie ein ganz helles Licht gesehen und ein außergewöhnliches Glücksgefühl empfunden. Eines, wie sie es aus ihrem bisherigen Leben noch gar nicht kannte. Alle Fragen, die sie jemals gehabt hatte, waren ihr schlagartig beantwortet. Sie war absolut glücklich und eins mit der Welt – und gerade in diesem wundervollen Augenblick holten wir sie wieder in ihren schmerzgeplagten Körper zurück. Sie war uns dafür nicht sehr dankbar ...
Jahre später wurde mir klar: Diese Patientin hat mir von ihrer Nahtoderfahrung berichtet und das Mitte der 1980er Jahre im Osten Deutschlands. Sie blieb nicht die Einzige, die das tat. Später habe ich noch weitere Patienten nach ihrer Reanimation ähnliche Dinge erzählen hören.
Die zweite Begebenheit hatte mit einem jungen Patienten zu tun, der nach einem Verkehrsunfall hirntot auf unserer Station lag und dessen Organe zur Organspende freigegeben waren. Er, bzw. wir, warteten auf deren Entnahme. Ich hatte an diesem Tag Nachtdienst und zeigte einer Schwesternschülerin, wie man eine Kanüle in der Luftröhre absaugt. Wie ich so über dem Patienten stand und der Schülerin erklärte, was ich machte, tat der Patient etwas, was er eigentlich gar nicht mehr tun konnte: Er nahm langsam beide Arme hoch und legte mir seine Hände auf meine Schultern. Dort blieben sie eine kurze Zeit liegen, dann rutschten sie langsam seitlich wieder herunter. Ich war so erschrocken, dass ich laut losgeschrien habe. Wäre nicht die Schülerin Zeugin diese Vorgangs gewesen – ich hätte ihn mir selbst nicht geglaubt. Man vermutete später irgendwelche Reflexe als Ursache. Das konnte jedoch nicht stimmen; denn langsame und gezielte Bewegungen beider Arme können keine Reflexe sein. Aber was ich da genau gesehen hatte, wusste ich auch nicht ...
Damals gab es für ein solches Erlebnis noch keinen Namen. Heute nennt man es das „Lazarus-Phänomen". Im deutschsprachigen Raum werden damit

spontane oder durch Berührung auslösbare Bewegungen hirntoter Patienten bezeichnet. Sie werden als vom Rückenmark ausgehende Reflexe interpretiert, die nichts mit Hirnaktivität zu tun haben. Seinen Namen erhielt das Phänomen vom Heiligen Lazarus, der der Legende nach ebenfalls von den Toten auferstanden sei. Ich habe auch dieses Phänomen später mehrfach wieder angetroffen.

Das Erlebnis mit dem angeblich hirntoten Patienten war nicht länger als zwei bis drei Wochen her, als eine völlig verrückte Liebesgeschichte begann, deren Anfang und Ende auch ein hirntoter Mensch war.

J. und ich, wir kannten uns schon lange. Er war mit einer meiner Schwestern befreundet und studierte Medizin, als er selber sehr krank wurde. Er musste eine Therapie über sich ergehen lassen, von der er sich nur sehr schwer erholen konnte. Ich hatte zu dieser Zeit schon viel an Krankheit, Leid und Tod gesehen und kannte mich gut aus in allem, was die Widerstandskraft des Körpers wieder stärkt.

J. fragte mich, ob ich ihm vielleicht dabei helfen wollte, mit seiner Situation wieder besser umgehen zu können. Klar wollte ich.

An diesem Abend erzählte er mir, was er während seiner Krankheit erlebt und erlitten hatte. Er berichtete auch von seinen dunklen Gedanken während dieser Tage und Wochen. Ich hörte ihm lange nur still zu. Irgendwann konnte ich ihm dann wirklich helfen. Er hätte eigentlich gehen können.... Doch er ging nicht. Er wollte nun auch etwas über mich und meine Arbeit wissen. Daraufhin erzählte ich ihm Dinge, die ich noch keinem Menschen vorher erzählt hatte. Schnell sprachen wir über alles, worüber man sprechen konnte. Irgendwann redeten wir sogar über das, worüber man eigentlich nicht spricht: Mein Erlebnis mit dem hirntoten Patienten. Es beschäftigte mich noch immer sehr und ich war froh, mich mit jemandem darüber austauschen zu können. Da er Medizin studierte, erwartete ich natürlich, dass er mich auslachen würde. Tat er aber nicht. Zu meiner Verblüffung hielt er das Erlebte nicht nur für möglich, sondern war sogar der Ansicht, dass es mehr Dinge zwischen Himmel und Erde gibt, als die Wissenschaft je würde herausfinden können.

Mit seinen Gedanken zu diesen Themen hatte er mich doch sehr überrascht. Wir redeten und redeten... Am nächsten Morgen hatten wir uns schnell und heftig ineinander verliebt. Ab jetzt gehörten wir zusammen.

Unsere Beziehung war von der ersten Sekunde an außergewöhnlich. Sie war Unschuld und glühende Leidenschaft zugleich. So große Gefühle hatten wir beide niemals vorher erlebt. Wir reagierten hochsensibel aufeinander. Sahen wir uns an, wussten wir sofort, was im anderen vorging. Es " sprang einen an" und stimmte immer. Wir genossen jede Sekunde, jeden Augenblick, den wir zusammen waren. Wir lebten sofort zusammen in meiner Wohnung und sprachen viele Stunden über Gott und die Welt – kein Thema blieb tabu. Auch nicht der Tod.

Da er im Norden der früheren DDR studierte, führten wir eine Fernbeziehung, die trotz der großen räumlichen Distanz sehr innig blieb. Wir waren anfangs

sehr überrascht, dass wir den anderen auch über große Entfernungen fühlen konnten. Das lag wohl an unseren hochaktiven „Antennen", die aufeinander eingepegelt waren und über große Distanzen senden und empfangen konnten.
Wir schrieben uns viele Briefe, manchmal sogar mehrmals täglich. Unser Briefwechsel war spontan und unregelmäßig. Die Briefe gingen „immer über Kreuz", d.h., keiner wartete den des anderen ab, sondern schrieb einfach drauflos. Häufig haben wir so die Fragen des jeweils anderen beantwortet, ohne diese eigentlich schon gekannt zu haben.

Musik war sehr wichtig für uns. Sie brachte uns zum Lachen und Weinen, gelegentlich auch zu extremen Gefühlsausbrüchen. J. gefielen im Gegensatz zu mir auch manche deutsche Lieder, meist welche mit nachdenklichen Texten. Es kam vor, dass er in seinen Briefen Titel von oder Textauszüge aus Songs zitierte – vor allem dann, wenn darin etwas poetisch ausgedrückt wurde, was ihm auch gerade auf dem Herzen oder seiner Zunge lag. Wir hatten beide unsere Lieblingslieder, er auch eine Lieblingsband. Eine norwegische Gruppe, gefiel ihm, weil sie traurige bzw. nachdenkliche Texte mit einer frechen, schnellen Musik verbunden hat. Vor allem liebte er zu dieser Zeit „I've been losing you". Mir war dieses Lied zu schnell und der Text gefiel mir gar nicht. Ich wollte nichts verlieren, am wenigsten ihn. Mein Lieblingslied damals war „Broken Wings" von Mr. Mister. Bei diesem Titel fuhren die Emotionen mit mir Achterbahn.

Wir waren beide Romantiker und kannten die uralte englische Blumensprache. Darüber hatte ich in einer Zeitschrift mal einen Artikel gelesen und fand sie außerordentlich bemerkenswert. Jede Blumen- bzw. Pflanzenart, jede Farbe und auch die Anzahl der einzelnen Blüten hatte eine Bedeutung. Er brachte mir häufig Blumen mit. Da er Student war und mit seinem Geld haushalten musste, war es oft nur eine einzelne Blüte. Manchmal pflückte er sie auch irgendwo. Mit den Farben spielte er gerne, wollte er mir etwas „durch die Blume" sagen.
Auch die Symbolik hatte es uns angetan und wir hatten sogar eine Geheimsprache entwickelt. Wir erlebten damals unglaubliche Wettersituationen. Gewitter, Schneestürme, Sternschnuppen... An unserem allerschönsten Abend erschien ein gewaltiger Regenbogen, so einen hatten wir beide noch niemals vorher gesehen. Wir nahmen ihn scherzhaft als Zeichen des Himmels, der uns damit wohl sein Wohlgefallen über unsere Liebe ausdrücken wollte. Immer, wenn wir dachten, schöner geht es nicht mehr, wurde unsere Beziehung noch tiefer und leidenschaftlicher. Manchmal fühlte sie sich so unfassbar an, dass wir 100%ig sicher waren, etwas ganz Großes miteinander zu erleben ....
Wir waren beide vor unserer Beziehung eher nüchterne Menschen. Was mit uns passierte, wenn wir zusammenkamen, verstanden wir beide nicht, aber wir genossen es.
In seiner Freizeit war J. ein passionierter Segelflieger. Er liebte das Fliegen sehr. Ich jedoch hatte stets Angst um ihn und große Sorge vor einem Absturz.

Deshalb wollte ich nicht, dass er häufig fliegt. Das lag nicht am mangelnden Vertrauen in seine fliegerischen Fähigkeiten. Ich wusste genau, wie zuverlässig er war. Mich beunruhigten eher andere Unwägbarkeiten wie Fehler im Material, der Technik oder menschliches Versagen. Aber: Er flog weiter. Segelfliegen war nun mal seine Leidenschaft....

Recht schnell wurde unsere Fernbeziehung zum Problem. Wir wollten uns nicht mehr trennen, sondern heiraten und ein Kind bekommen.
Wegen unserer geplanten Hochzeit kam es während eines Campingurlaubs zum ersten und einzigen Streit zwischen uns. Wenige Monate später beendete J. völlig unvermittelt unsere Beziehung. Da es so plötzlich, hochdramatisch und ohne jede Vorwarnung geschah, blieb ich im Schock zurück und war zutiefst verletzt. Ich erfuhr keinen Grund für das Ende unserer Beziehung und lehnte wegen des damit verbundenen, schier unerträglichen Schmerzes später jede Informationen über sein weiteres Leben ab. Nach unserer Trennung fiel ich emotional in ein tiefes Loch, aus dem ich zehn Jahre lang nicht herauskam.

Unsere Lebenswege führten uns Hunderte von Kilometern voneinander weg. Zwischen uns herrschte 22 Jahre lang absolute Funkstille. Unsere Antennen waren zugedeckt und abgeschaltet.

Im Frühling 2009 gab es plötzlich sehr merkwürdige Ereignisse in meinem Leben, die ich lange nicht verstand. Ich träumte mit zunehmender Häufigkeit und Intensität vom Absturz eines Flugzeugs. Ich selbst stürzte dabei ab, schlug jedoch niemals auf... Mein Blick war der aus dem Cockpit. Die Absturzträume variierten. *Ein* Traum allerdings, der erste, wiederholte sich immer wieder. In ihm sah ich Details aus der Umgebung und erlebte, wie das Flugzeug aus geringer Höhe fast senkrecht vom Himmel fiel. Ich sah den Boden, eine Graspiste, schnell auf mich zukommen. Da ich Zeit meines Lebens von Flugangst geplagt war, brachte ich das Ganze jedoch nicht mit J. in Verbindung. Die Alpträume wurden immer intensiver. Nach etlichen Wochen mit quälenden Nächten schoss mir eines Morgens urplötzlich sein Name durch den Kopf. Ich gab ihn in eine Suchmaschine ein. Ganz oben auf der Seite erschien seine Todesanzeige: Er war abgestürzt.
Was in diesem Augenblick in mir vorging, war unbeschreiblich. Ich hatte immer Angst vor seinem Absturz gehabt. Nun war es *ihm* passiert. Nach dem Unfall war J. wohl nicht sofort gestorben, sondern hatte noch einige Tage *hirntot* weiter gelebt.
Später erfuhr ich auch, dass sich die Tragödie genau zu dem Zeitpunkt ereignet hatte, an dem meine Träume begannen. Die endeten übrigens abrupt, als ich begriffen hatte, was ihm widerfahren war. Ich trauerte sehr um ihn, aber zugleich kam auch eine unerklärliche Ruhe über mich. Ich bekam das Gefühl, als schlösse sich ein Kreis. Das Thema unseres ersten gemeinsamen Abends war ein hirntoter Patient, der etwas tat, was er eigentlich gar nicht mehr hätte tun

können. Auch meine große Liebe tat 2009 etwas, was er eigentlich gar nicht mehr tun konnte: Er schickte mir die Träume zu einem Zeitpunkt, als er angeblich hirntot an den Maschinen einer Intensivstation lag!
Was das bedeutete, verstand ich erst viel später.

Das nächste Ereignis war nicht minder ungewöhnlich: Ein ganz besonderer *Schmetterling* flog frühmorgens in mein Büro. So einen wie ihn hatte ich noch niemals zuvor gesehen. Sein Aussehen war seltsam und sein Verhalten war es auch. Ich begriff sofort, dass der Schmetterling wieder mit meiner großen Liebe zu tun haben würde. Im Internet versuchte ich, ihn zu identifizieren. Das gelang mir sogar recht schnell. Ich konnte gar nicht glauben, was ich da las: Dieser Schmetterling war ein *Segelfalter*. Eigentlich lebt er nur südlich der Alpen und ist der einzige Schmetterling, der mehrere Minuten unter Ausnutzung der Thermik ohne einen einzigen Flügelschlag in der Luft segeln kann.
Der Segelfalter kommt sehr selten vor und nutzt die Luftströmungen für seinen Gleitflug wie es ein Segelflieger es auch macht... Dieser Schmetterling hatte durch sein Aussehen und seine spektakulären Fähigkeiten für mich einen so eindeutigen Bezug zu J. – das konnte doch kein Zufall sein.

Die Absturzträume und der Segelfalter waren der Anfang einer ganzen Serie weiterer Ereignisse, die ich in den nächsten Monaten erlebte. Sie alle wiesen auf J. und unseren gemeinsamen Erlebnisse. Zeitweise kamen sie Schlag auf Schlag und ließen mich immer sofort eine gedankliche Verbindung zu J. herstellen:
- Ich sah höchst eindrucksvolle Wetterphänomene mit hoher Symbolkraft. Tiere verhielten sich merkwürdig, Ich sah vor allem Tiere, die selbst eine fühlbare Botschaft in sich trugen.
- Nach Jahrzehnten ohne sie hörte ich plötzlich ständig unsere beiden Lieblingslieder. Sie liefen immer genau dann im Radio, wenn meine Gedanken bei ihm und in unserer Vergangenheit waren.
- Es gab Träume, an die ich mich bis heute detailliert erinnern kann und in denen mir viele Fragen beantwortet wurden, die ich immer gerne gestellt hätte...
- Ich entdeckte Bücher und andere Dinge, die ich genau zum richtigen Zeitpunkt fand und die mir weitere Antworten gaben. Sie hatten u.a. auch seine Passion, das Fliegen, zum Thema.
- Sein Bild erschien auf meinem Desktop, ohne dass ich es heruntergeladen hätte. Und so weiter und so fort...

Zunächst konnte ich gar nicht glauben, was ich da erlebte: „Das ist doch völlig unmöglich! Das gab es doch gar nicht", dachte ich immer wieder. Später erinnerte ich mich an die vielen unerklärlichen Begebenheiten aus meinem Berufsleben und fing an, im Internet zu diesen Themen zu recherchieren.
Das Web trägt heute ganz wesentlich dazu bei, die vielfältigen Erlebnisse im Zusammenhang mit Tod und Sterben zu kommunizieren. Viele Menschen,

darunter auch Hospizmitarbeiter, Krankenschwestern und Altenpfleger, tauschen sich in Foren aller Art immer offener über ihre Erfahrungen aus. Was ich bei meinen Recherchen fand, überraschte mich trotz meiner eigenen Erlebnisse sehr. Derartige Phänomene sind keinesfalls so selten, wie man meint. Es gab sie immer schon, zu allen Zeiten und in allen Kulturen. Sie sind nicht überall auf der Welt ein Tabu.

Ich denke, dass auch J. am Ende seines Lebens eine Nahtoderfahrung hatte, in der er wohl das hochdramatische Ende unserer Beziehung gesehen hat, und wie ich darunter gelitten hatte. So konnte er es nicht stehenlassen. Er ging über die Grenze, die unsere Welten voneinander trennt und kam zu mir.

Er kommunizierte mit mir so, wie es ihm jetzt möglich ist: Über Träume, Lieder, Wetter- und physikalische Phänomene, Symbole, Tiere ...

Carl Gustav Jung, ein Schüler und späterer Konkurrent von Siegmund Freud, hat bereits vor vielen Jahren zu Erlebnissen wie meinen Interessantes gesagt: Er bezeichnete das Zusammenfallen von zwei oder mehreren solcher unwahrscheinlicher Ereignisse, wie ich sie erleben durfte, als Synchronizität.

Er definierte diese als Erlebnisse, die für den, den sie treffen, einen enormen Symbolwert haben und sich an ganz wichtigen Meilensteinen des Lebens ereignen, mit stärksten Emotionen einhergehen, aber in keinem objektiven Kausalzusammenhang zueinander stehen.

Ich war nach den ersten Erlebnissen an einem Punkt angelangt, an dem ich zwar sah, hörte und spürte, aber ich tat immer noch nichts, um die Vergangenheit zu klären und den Grund für das damalige Ende unserer Beziehung herauszufinden. Dann allerdings hörte ich zufällig die Lieder eines Straßenmusikers. Einige davon erinnerten mich sehr schmerzhaft an unsere gemeinsame Zeit. Sie erinnerten mich auch an meine eigenen Fehler, an mit der durch J.s Verlust verbundenen Trauer und meine Unfähigkeit, damit umzugehen. Die Texte dieser Lieder berührten mich so sehr, dass ich beschloss, nun doch endlich in die Vergangenheit abzutauchen.

Während meines „Tiefseetauchens", wie ich meine Vergangenheitsbewältigung nannte, fand ich plötzlich Bilder und Filme von und über J. im Internet. Es ergaben sich ganz von selbst Kontakte zu Menschen, die ihn kannten und mit ihm lebten. Er schien mir nun sein ganzes Leben zu zeigen, das sich wie ein Puzzle vor mir ausbreitete; in dem Teilchen für Teilchen seinen Platz fand und das schließlich ein Gesamtbild ergab. Und als ich 2012 *zum ersten Mal* den Ort besuchte, an dem er abgestürzt war, sah ich eine mir *längst bekannte* Landschaft... Es waren *seine* letzten Bilder, die ich damals in diesem einen, immer wiederkehrenden Traum sah.

Das Beeindruckendste unseres Nachtodkontaktes allerdings waren die bisher vier Jenseitskontakte, die uns von *Medien* ermöglicht wurden. Obwohl es fast immer ein anderes Medium war, ist J. jedes Mal eindeutig zu erkennen gewesen.

Er erinnerte in diesen Gesprächen oft an Details unserer Beziehung, die kein Mensch außer uns beiden wissen KANN.
Wir haben uns während dieser „Rendezvous" alles das gesagt, was damals ungesagt geblieben ist und auch die letzte offene Frage klären können. Es muss übrigens ein hartes Stück Arbeit für ihn gewesen sein, mich zu einem Medium zu bekommen; denn ich hielt einen solchen Kontakt früher für absolut unmöglich. Nachdem ich aber nun über diese Menschen mit ihm sprechen konnte, glaube ich nicht nur, dass so etwas möglich ist - ich weiß es.

Die Beziehung zwischen J. und mir reicht über seinen Tod hinaus. Er ist dort, und ich bin hier. Manchmal kann ich ihn spüren. Unsere Antennen funktionieren wieder. Sie senden nun viel weiter, als wir uns das jemals hätten vorstellen können.

Meine „Segelfalter-Erlebnisse" brachen im Frühling 2009 völlig unerwartet über mich herein und dauern bis heute an. Sie haben mich anfangs getroffen wie ein Stein und völlig verwirrt, später dann jedoch auch sehr gefreut, getröstet und versöhnt.
Manchmal liegen mehrere Tage oder Wochen zwischen solchen Ereignissen und dann wieder passieren bis zu sieben Vorfälle an einem Tag. Um ja nichts zu vergessen, führe ich deshalb seit einiger Zeit ein Tagebuch darüber. Auszüge daraus werde ich im „Segelfalter 2" veröffentlichen.

Meine eigene Sicht auf diese Dinge ist glasklar: Unsere Toten leben weiter.
Wie immer das auch gehen mag – einige von ihnen kommunizieren sogar mit uns. Ob das durch ein Medium geschieht oder durch Zeichen, Träume oder Symbole spielt keine Rolle. Wir alle sind dazu fähig, die Zeichen unserer Lieben wahrnehmen und verstehen zu können, wenn wir uns einmal darauf eingelassen haben und diese Fähigkeiten trainieren.

Für mich steht heute außer Frage, dass es ein Weiterleben nach dem Tode gibt. Meine Erlebnisse mit Sterbenden und nun auch mein eigener Nachtodkontakt lassen nur diesen einen Schluss zu.
Vor dem Tod habe ich schon lange keine Angst mehr. Ich bin mir sicher, dass das, was mich wirklich ausmacht, diesen Körper, der jetzt hier sitzt und schreibt, überleben wird.
Aus diesem Grund möchte ich alle dazu ermuntern, mit den angstbesetzten Themen Tod und Sterben auf eine neue, hoffnungsvolle Weise umzugehen.

Andrea von Wilmowsky

"Segelfalter"

eBook Kindle Edition,
ASIN: B00A6WY8TG, 2012

Warum können Nahtoderfahrungen neurobiologisch nicht ausreichend erklärt werden?

Prof. Dr. Dr. Wilfried Kuhn
Neurologe, Hochschullehrer, NTE-Forscher
Mitglied im Netzwerk Nahtoderfahrung

Obwohl Nahtoderfahrungen (NTE) schon in früheren Jahrhunderten sporadisch beschrieben wurden, sind derartige Erlebnisse erst seit der Veröffentlichung des Buches *„Life after Life"* von *Raymond Moody* im Jahr 1975 einer breiten Öffentlichkeit bekannt *(„Leben nach dem Tod", 1977)* (1). Seitdem rückten NTE auch zunehmend in den Blickpunkt der Naturwissenschaften, insbesondere der Neurobiologie. Allerdings hat sich die wissenschaftliche Erforschung der NTE aufgrund des spontanen Auftretens und der Subjektivität der Erlebnisse in der Folgezeit als nicht einfach erwiesen. Lange Zeit war man auf anekdotische Schilderungen einzelner Erlebnisse und retrospektive Studien angewiesen.
Wegen wissenschaftlicher Mängel in der Befragung und Rekrutierung der Teilnehmer wurden diese jedoch heftig kritisiert. Erst in den letzten zehn Jahren konnten mehrere prospektive Studien durchgeführt werden, bei denen wenige Tage nach einem medizinischen Ereignis (zum Beispiel Herzinfarkt und Reanimation) nach einem vorgegebenen Protokoll persönliche und medizinische Daten exakt erfasst wurden und die erhaltenen Ergebnisse somit wissenschaftlich zuverlässig eingeordnet werden konnten.
Beispielsweise wurden zwischen 2001 und 2006 vier prospektive Studien über NTE bei Herzpatienten mit insgesamt 572 Patienten veröffentlicht.

Gemeinsame Erkenntnisse aus diesen Untersuchungen (2) sind, dass
1. bei Herzstillstand NTE auftreten,
2. in allen Studien ein vergleichbarer Prozentsatz an NTE nachzuweisen war,
3. dabei alle Gehirnfunktionen nachweisbar ausgefallen waren und
4. in allen vier Studien weder eine plausible physiologische noch eine psychologische Erklärung gefunden wurde

Die bisher umfangreichste und wichtigste Untersuchung wurde 2001 in der renommierten medizinischen Fachzeitschrift *„Lancet"* veröffentlicht (3).
In dieser niederländischen Studie konnten konsekutiv 344 Patienten mit insgesamt 509 erfolgreichen Reanimationen nach Herzstillstand aufgenommen werden. Alle Patienten in dieser Studie waren zeitweise klinisch tot. Als klinisch tot wird ein Zustand bezeichnet, bei dem eine Phase der Bewusstlosigkeit bedingt durch Herzstillstand und/oder Atemstillstand aufgetreten ist.
Eine dauerhafte Schädigung der Gehirnzellen ist jedoch bei rechtzeitiger Reanimation nicht zu erwarten. Es ist aber davon auszugehen, dass bereits nach

drei bis fünf Minuten Herz- und Kreislaufstillstand Gehirnschäden auftreten können. Trotz eventuell vorhandener Schäden kann jedoch das Bewusstsein wieder erlangt werden. Von diesen reversiblen klinischen Zuständen zu unterscheiden ist der Hirntod, bei dem ein irreversibler Verlust des Bewusstseins (Koma) bei gleichzeitigem Ausschluss anderer Koma-Ursachen wie zum Beispiel Narkose, Sedierung sowie dem Fehlen von Hirnstammreflexen und Spontanatmung gesichert ist.

Eine einheitliche, allgemein akzeptierte Definition von NTE ist nicht bekannt. Normalerweise werden unter dem Begriff NTE Erfahrungen von Menschen zusammengefasst, die bewusstlos waren, während ihr Körper sich in einem lebensbedrohlichen Zustand befand. Aber auch Menschen, die in lebensgefährliche Situationen geraten sind und diese unverletzt und ohne Bewusstseinsverlust überlebt haben, berichten von vergleichbaren Erlebnissen. Darüber hinaus treten NTE-Elemente auch in Phasen von Ruhe und Entspannung wie zum Beispiel in Träumen, Meditation, Yoga, Stress, Übermüdung und auch während der Einnahme von Drogen auf (4).

Schätzungen gehen davon aus, dass in den vergangenen 50 Jahren ca. 25 Millionen Menschen eine NTE erlebt haben. Neuere Studien in Amerika und Deutschland geben einen Prozentsatz von 4,2 an (5). In der prospektiven niederländischen Studie von *van Lommel* berichteten 62 (18 %) der 344 Patienten über Elemente der NTE. 41 (12 %) erlebten eine ausgeprägte bis tiefe NTE. 82 % der Patienten konnten sich nicht an die Phase der Bewusstlosigkeit erinnern. Die Ergebnisse dieser Studie konnten die Beobachtungen früherer retrospektiver Untersuchungen im Wesentlichen bestätigen.

Bereits *Raymond Moody* konnte in seiner Publikation 15 Elemente der NTE charakterisieren (6). *Schröter-Kunhardt* fand in einer eigenen retrospektiven Befragung von 100 Betroffenen am häufigsten ein Gefühl von Ruhe, Frieden und Wohlbefinden (89 %). Weitere Elemente der NTE waren das Gefühl von Freude und Glück (80 %), Lichtwahrnehmung (77 %), Eintritt in eine überirdische, jenseitige Welt (63 %), außerkörperliche Erfahrungen (out-of-body) (61 %), beschleunigte Zeitabläufe, Zeitlosigkeit (59 %), Tunnelphänomen (47 %), Einheitserleben (38 %), Begegnung mit mystischen Wesen (32 %), Lebensrückblicke (30 %), Begegnungen von Verstorbenen/religiösen Figuren (27 %) und andere (7).

Neben diesen positiv gefärbten NTE werden vereinzelt auch negative Erlebnisse geschildert. Diese, wie auch die klassischen NTE, führen letztlich jedoch in den meisten Fällen zu einer Veränderung der Lebensführung mit zum Beispiel vermehrter Wertschätzung des Lebens, Verlust oder Verringerung von Angst und Tod, Glaube an Gott, neuem Lebenssinn, paranormaler Sensibilisierung etc (8). Interessanterweise konnten in der niederländischen Studie im Gegensatz zu anderen Untersuchungen keine negativen NTE beobachtet werden (9).

NTE sind jedoch nicht nur an lebensbedrohliche Zustände gebunden. Sie können auch bei Menschen auftreten, deren Leben nicht vital bedroht wurde. *Owens et al.* untersuchten 28 Menschen nach einer lebensbedrohlichen Situation und verglichen diese mit Nahtodschilderungen von 30 Menschen, die sich subjektiv akut bedroht fühlten, objektiv jedoch keiner Gefahr ausgesetzt waren. Es fanden sich in beiden Gruppen keine Unterschiede in der Häufigkeit von Tunnelphänomenen, positiven Gefühlen und out-of-body-Erfahrungen. Einzig die Häufigkeit des Lebensrückblicks war in der nicht-vital bedrohten Gruppe signifikant erniedrigt (10).

Die einzelnen Bausteine einer NTE treten in variabler Zusammenstellung auf, jedoch in den meisten Fällen in der genannten Reihenfolge. Alle Stufen der typischen NTE werden von einer gesteigerten Klarheit und Intensität der Erlebnisse begleitet. Die Denkprozesse verlaufen ungewöhnlich schnell und sind erfüllt von einem Gefühl der Transzendenz von Raum und Zeit. Das Erlebte wird häufig als „wirklicher als die Wirklichkeit" beschrieben (11).

Die Umstände der Begegnung mit dem Tod sind nur von minimaler Bedeutung für das Auftreten der NTE (12). Diese Invarianz[10] spricht eher gegen das Vorliegen spezifischer physiologischer Mechanismen im Gehirn. Da die Induktion[10] echter NTE experimentellen Zugriffen aus ethischen Gründen weitgehend verschlossen bleibt, beruhen die neurobiologischen Erklärungsmodelle hauptsächlich auf Vermutungen, Beobachtungen und experimentellen Studien von partiellen Elementen der NTE.

Neurobiologie und NTE

Die Entwicklung neuerer bildgebender Verfahren ermöglicht in zunehmendem Maße die anatomische Lokalisation von Krankheiten und Bewusstseinsveränderungen im Gehirn. Die Mehrheit der Neurowissenschaftler ist davon überzeugt, dass die mit diesen Methoden beobachteten Veränderungen im Gehirn („neuronale Repräsentationen") beim Menschen die biologische Grundlage seiner subjektiven psychischen Erscheinungen sind (13). Daraus ergibt sich die Konsequenz, dass das Entstehen von Bewusstsein an materielle Vorgänge gebunden ist (14). Diese Vorstellung entspricht der philosophischen Position des *Monismus*. Es handelt sich jedoch nur um eine Arbeitshypothese, die letztlich nicht bewiesen ist und trotz der wiederholt mit vermeintlicher Gewissheit vorgetragenen Behauptung als dogmatisch bezeichnet werden muss. Aufgrund dieser Vorstellung versuchen die Neurowissenschaftler alle Beobachtungen und außergewöhnlichen menschlichen Phänomene wie zum Beispiel NTE, primär durch physiologische Mechanismen zu erklären.

---

[10] Invarianz = Gleichförmigkeit, Unveränderlichkeit; Induktion = Herbeiführung

Grundlage dieses Vorgehens ist das von *Ockham* im 13. Jahrhundert entwickelte „Gebot der Einfachheit" *(Ockhams Rasiermesser)*. Dadurch darf die „Pluralität" nur im Fall der Notwendigkeit in Betracht gezogen werden. Diese Regel sollte die Überfülle von spirituellen und anderen Konzepten eindämmen, die in der Scholastik zur theologischen Erklärung der Wirklichkeit herangezogen wurden (15). Dadurch entsteht jedoch auch eine Vereinfachung der naturwissenschaftlichen Argumentation, welche letztlich jedoch nicht die experimentelle Beweisführung ersetzt.

In der Praxis wird die Anwendung dieser Regel jedoch aufgrund des vorherrschenden naturwissenschaftlichen Denkens nicht selten durch ungesicherte Spekulationen, die sich dann letztlich doch nicht belegen lassen, überstrapaziert. Beispiel hierfür ist das Ergebnis einer amerikanischen Umfrage unter Naturwissenschaftlern und Ärzten zur Einschätzung der NTE zu einem Zeitpunkt, als noch kaum wissenschaftliche Untersuchungen zu diesem Thema vorlagen. Fast jeder der Befragten nannte eine andere Ursache, wie zum Beispiel gesteigerte Wahrnehmungsfähigkeit, Ausschüttung von Endorphinen, cerebrale Veränderungen, biochemisch-elektrische Entladungen, Veränderungen des Gehörs, traumartige Zustände, Halluzinationen, Sauerstoffmangel oder Sauerstoffüberfluss, geschädigtes Kreislaufsystem, Angst vor dem Tod, Traumata, induzierte Phantasien etc. (16).

Die Mehrzahl dieser vor mehr als 25 Jahren abgegebenen Erklärungsversuche werden auch heute noch trotz fehlender Beweise oder auch nachgewiesener Unrichtigkeit als mögliche Ursachen der NTE in den Naturwissenschaften und Medien diskutiert.

In der Vielzahl widersprechen sie jedoch dem Einfachheitsgesetz von Ockham und belegen dadurch ihren spekulativen Charakter.

In den folgenden Abschnitten wird dargelegt, dass eine vollständige und überzeugende neurobiologische Erklärung auch mehr als 30 Jahre nach der Erstbeschreibung – trotz gegenteiliger Behauptungen – noch nicht existiert.

Die möglichen Konsequenzen für das Vorherrschen des materialistischen Weltbilds werden im Schlusskapitel diskutiert.

Paradoxes Bewusstsein

Wie sind NTE aus neurologischer Sicht einzuordnen? Voraussetzung dazu ist die Charakterisierung von Bewusstsein und seinen veränderten Zuständen.

Das Phänomen des Bewusstseins beschäftigt die Menschen seit es Philosophie und Naturwissenschaften gibt.

Bewusstsein kann in unterschiedlichen Zuständen auftreten. Neben dem Zustand der Wachheit können im alltäglichen Leben häufig auch Phasen verringerten Bewusstseins beobachtet werden. Zur Beurteilung von pathologischen Prozessen des Gehirns ist aus neurologischer Sicht insbesondere die graduelle Einteilung in Somnolenz (allgemeine Verlangsamung), Sopor (Bewusstseinsstörung ohne

Spontanaktivität) und Koma (Stadien tiefer Bewusstlosigkeit) von Bedeutung. Bei fast allen Koma-Formen kommt es im EEG zu einer Reduktion der Frequenz des Wachzustandes bis zum sehr langsamen Delta-Rhythmus von 1 - 3 Hz. Ein Null-Linien-EEG zeigt das Fehlen jeglicher corticaler Aktivität an und ist zum Beispiel bei der Bestimmung des Hirntodes von Bedeutung.
Ursachen dieser Bewusstseinsstörung sind meistens Schädigungen der sog. Formatio reticularis im Mittelhirn. Diese ist beteiligt an der Kontrolle von Atem, Kreislauf, Wachen und Schlafen und wirkt bei der Regulation der Aufmerksamkeit mit. Auch die aufsteigenden unspezifischen, sog. reticulären Bahnen zum Großhirn sowie Läsionen des Großhirns selbst können zu Bewusstseinsstörungen führen.
Neben der Beeinträchtigung des allgemeinen Bewusstseinszustandes gibt es spezifische Bewusstseinstrübungen und Veränderungen, welche im allgemeinen auf kurzzeitige und dauerhafte Dysregulationen im Gehirn zurückzuführen sind. Insbesondere die Vielzahl der „veränderten Bewusstseinszustände" wie zum Beispiel Wachen und Schlafen, Tagträume, sexuelle Orgasmen, Rhythmus-induzierte Trance, Meditation, Hypnose, psychotische Störungen, epileptische Störungen, Hyperventilation etc., erschwert die wissenschaftliche Beurteilung dieser Phänomene. *Vaitl et al.* beschreiben in einer Übersicht diverse Möglichkeiten der Entstehung (17). So werden zum Beispiel Epilepsien und Psychosen unter den krankheitsinduzierten Formen eingeordnet, während Meditation und Trance dagegen psychologischen Natur sind. Andererseits können veränderte Bewusstseinszustände zum Beispiel im Yoga durch Anwendung bestimmter Atemtechniken entstehen und somit physiologisch begründet werden.
Schwierigkeiten jedoch bereitet die neurobiologische Einordnung der NTE. In den meisten Fällen sind die Patienten dabei nicht bei Bewusstsein (komatös). Dies kann zum Beispiel unfallbedingt, jedoch auch pharmakologisch durch Narkosemittel, induziert sein. Trotzdem erfahren die Patienten eine beeindruckende Sequenz von Phänomenen, die nach neurobiologischem Verständnis über die Entstehung von Bewusstsein nicht auftreten dürften. Deswegen werden NTE als veränderte Bewusstseinszustände charakterisiert. Aufgrund der Vielzahl von Auslösemechanismen von NTE ist jedoch eine eindeutige Zuordnung zu psychologischen oder physiologischen Ursachen zum jetzigen Zeitpunkt nicht möglich, so dass NTE eher den spontan auftretenden veränderten Bewusstseinszuständen – ähnlich wie Schlaf und Traum – zugeordnet werden. Bei spontan auftretenden veränderten Bewusstseins-zuständen finden sich im Wesentlichen Veränderungen der Aktivität in der Hirnrinde (cortical) und eine Zunahme des „Arousal" (Grad der Aktivierung des ZNS). Der im Koma liegende Patient erfährt dabei bewusste, hellwache, klare und lebhafte Wahrnehmungen („paradoxes Bewusstsein"). Diese Abläufe unterscheiden sich jedoch von den Vorgängen bei pathologisch induzierten komatösen Zuständen, bei denen eine Reduktion der corticalen Aktivität und des Arousal nachzuweisen ist. Wegen dieses bestehenden Widerspruchs

argumentieren manche Neurobiologen, dass die Patienten bei einer NTE kurzfristig aus dem Koma erwachen, dies aber nicht vom ärztlichen Personal bemerkt werde. Es ist nicht auszuschließen, dass dies vielleicht in einigen seltenen Fällen vorgekommen ist, jedoch muss bei der deutlichen Mehrheit der aufgetretenen NTE – insbesondere auch wegen der außergewöhnlichen Wahrnehmungen – diese Erklärung letztlich ausgeschlossen werden.

Es bleibt somit festzuhalten, dass während NTE mentale Prozesse bei klarem Bewusstsein ablaufen, obwohl gleichzeitig die bisher bekannten neurophysiologischen und cerebralen Abläufe für einen Bewusstseinsverlust sprechen. Diese Diskrepanz zwischen physiologischer Beeinträchtigung und Erlebnisform widerlegt die neurobiologischen Vorstellungen über die Entstehung von Bewusstsein.

Die Wissenschaft hat die Untersuchung über die biologischen Vorgänge im Gehirn während des Sterbens oder in der Nähe des Todes bisher – möglicherweise auch aus ethischen Gründen – vernachlässigt. Erst in den letzten Jahren erfolgten erste Hirnstrommessungen (EEG) bei sterbenden Lebewesen. 2009 wurden die EEG-Aktivitäten von sieben vorher neurologisch gesunden Menschen verfolgt, die aufgrund schwerer Erkrankungen im Sterben lagen (18). Mit Beginn des Sterbeprozesses kam es zu einer langsamen Abnahme der Hirnstromaktivitäten. Überraschenderweise trat jedoch kurz vor dem Tod ein hochfrequentes Signal auf, das Gamma-Wellen zugeordnet werden konnte. Vergleichbare Ergebnisse konnten kürzlich in Versuchen mit Ratten kurz nach Abtrennung des Kopfes (Decapitation) vom übrigen Körper erhalten werden (19). Gamma-Wellen sind hochfrequente Hirnwellen (ca. 25 - 70 Hz), die eng mit der Funktion des sogenannten „Arousal-System" verknüpft sind. Dabei wird durch Aktivierung des Hirnstamms (Formatio reticularis) eine gesteigerte Wachheit und Aufmerksamkeit induziert. Warum plötzlich unmittelbar vor dem Sterben, nachdem die Hirnstromaktivität bereits im Abklingen ist, eine hochfrequente, im Vergleich zu normalen Hirnwellen wesentlich schnellere Aktivität auftritt, ist unklar. Aus neurobiologischer Sicht wird argumentiert, dass aufgrund des Sauerstoffmangels die Zellen zunehmend absterben und vermehrt „feuern". Dies erklärt jedoch nicht die nach einer langsamen Aktivitätsminderung kurz vor dem vollständigen Erlöschen des EEGs plötzlich auftretenden hochfrequenten synchronen (zeitlich zusammenfallend) Hirnsignale. Wenn dies wirklich so wäre wie Neurobiologen vermuten, müsste unmittelbar nach dem Beginn des Nachlassens der EEG-Aktivität bereits eine Reaktion der feuernden Neurone nachweisbar sein. Dies ist jedoch nicht der Fall. Zudem ist auch aus evolutionsbiologischer Sicht nicht verständlich, warum kurz vor dem Tod plötzlich eine hochfrequente Hyperaktivität sterbender Neurone zu einem klaren Bewusstseinszustand führen soll mit all den Phänomenen, wie sie von Menschen mit NTE beschrieben werden.

Wahrscheinlicher ist eine andere Erklärung. In einer amerikanischen Studie wurden Langzeitmeditierende 15 – 40 Jahre mittels EEG untersucht. Dabei fanden sich hochfrequente synchrone Gamma-Wellen, welche mit dem tiefen, aber hellwachen und klaren Bewusstseinszustand während der Meditation korrelierten (20). Aufgrund dieser Beobachtung ist es durchaus plausibel zu vermuten, dass die außergewöhnlichen Hirnwellen, welche kurz vor dem Tod auftreten, die Loslösung des Bewusstseins („feinstofflicher Körper", „Bewusstseinseinheit", „Seele") anzeigen und nicht „das letzte Aufflackern" sterbender Nervenzellen widerspiegeln.

Die Sauerstoffmangel-Hypothese

Von neurobiologischer Seite wird als häufigste Ursache der NTE eine Veränderung der Blutgase im Rahmen eines beginnenden Zelluntergangs vermutet. Sauerstoffmangel und/oder Kohlendioxidüberschuss sollen somit die als „komplexe Halluzinationen" klassifizierten Phänomene der NTE erklären (21). Es ist sicherlich richtig, dass Veränderungen der Blutgase in medizinischen Grenzsituationen von Bedeutung sind; als alleinige Erklärung für das Entstehen von NTE sind diese jedoch nicht ausreichend.
Verschiedene Argumente sprechen dagegen: Einerseits konnte bisher nie belegt werden, dass in klinischen Situationen während einer NTE überhaupt ein Sauerstoffmangel aufgetreten ist. So hat *Parnia* in einer prospektiven Ein-Jahres-Studie kontinuierlich den Sauerstoff- und Kohlendioxidgehalt im Blut von Patienten mit NTE gemessen. Dabei fand sich *kein* signifikanter Unterschied im Vergleich zu einer Gruppe mit Nicht-NTE (22).
Im Gegenteil konnte sogar in einer anderen Studie gezeigt werden, dass unter einer Beatmung mit einem Gasgemisch mit erhöhtem Sauerstoffgehalt (70 % Sauerstoff, 30 % Kohlendioxid) ebenfalls Elemente der NTE auftreten können (23). Die Sauerstoffhypothese ist auch deshalb fragwürdig, da zahlreiche NTE in Situationen auftreten, bei denen eine Minderdurchblutung des Gehirns auszuschließen ist, beispielsweise während nicht lebensbedrohlicher Erkrankungen, Stürzen vom Berg oder einer Brücke im Rahmen eines Selbstmordversuches oder auch während der Durchführung spiritueller Praktiken (Yoga, Qi Gong, Meditation).
Experimentelle Untersuchungen und klinische Beobachtungen bei Menschen mit Sauerstoffmangel können die Elemente der NTE ebenfalls nicht vollständig erklären. Beispielsweise induzierte *Lempert* bei 79 freiwilligen Probanden eine cerebrale Sauerstoffminderversorgung (Hypoxie) mittels des sogenannten Valsalva-Manövers (24). Dabei praktizierten die Teilnehmer eine Kombination von Hyperventilation (schnelle Atmung) und konsekutivem Verschluss der Nase und des Mundes bei gleichzeitiger Anspannung der Atem- und Bauchmuskulatur. Als Folge reagierten die meisten Probanden mit Stürzen, Bewusstseinsverlust und Muskelzuckungen (Synkopen). Etwa die Hälfte der Probanden berichtete nach dem Wiedererwachen über das Auftreten von visuellen Halluzinationen und außerkörperlichen Erfahrungen. In keinem Fall fanden sie jedoch Hinweise auf einen Lebensrückblick oder eine Begegnung mit

Verstorbenen. Insgesamt dauerten die Synkopen maximal 22 Sekunden. Auch der künstlich erzeugte Sauerstoffmangel (Hypoxie) durch Beschleunigung von Starfighter-Piloten in einer Zentrifuge führt eher zu Muskelzuckungen (Myoklonien), einer Verschlechterung des Gedächtnisses und Zuständen von Verwirrtheit und Desorientierung sowie zu Halluzinationen von lebenden Personen, nie jedoch zur Begegnung von Verstorbenen (25). In vergleichbarer Weise können durch experimentelle Erzeugung eines Kohlendioxidüberschusses zwar fragmentarisch Teilelemente der NTE induziert werden, wie z. B. das Gefühl den Körper zu verlassen, aber über andere Elemente wie das Auftreten eines Lebenspanoramas oder die Begegnung mit Verstorbenen wird in solchen Situationen nie berichtet (26). Auch klinische Erfahrungen bei Patienten mit schweren Erkrankungen zeigen, dass ein Sauerstoffmangel im Gehirn normalerweise zunächst nicht zu Bewusstlosigkeit, sondern eher zu geistiger Verwirrung und innerer Unruhe führt. Im Rahmen einer NTE treten jedoch gleich zu Beginn angenehme Gefühle von Freude, Glück, Ruhe und Wohlbefinden auf. Im Gegensatz zu hypoxischen Zuständen ist das Bewusstsein erhalten, sogar überwach und völlig klar und auch das Erinnerungsvermögen ist außergewöhnlich ausgeprägt.

Im Rahmen der Sauerstoffmangel-Hypothese ist auch zu hinterfragen, warum z.B. solche Patienten mit Herzinfarkt, bei denen grundsätzlich aus klinischer Sicht kurzfristig von einer Minderdurchblutung des Gehirns ausgegangen wird, nur in 10 bis 20 % der Fälle von einer NTE berichten (27).

Out-of-body-Erfahrungen (OBE)

Gibt es überhaupt Belege für die Beteiligung spezifischer Hirnregionen an der Entstehung von NTE? Nach neurobiologischen Vorstellungen sollen sowohl die OBE wie auch das Tunnelphänomen durch eine erhöhte Vulnerabilität (Anfälligkeit) unterschiedlicher Hirnregionen entstehen. Beispielsweise wird bei der OBE eine Störung des temporo-parietalen Assoziationskortex (Schläfen-Scheitelbereich der Hirnrinde) als Ursache vermutet.
So konnte Blanke 2002 bei Routineuntersuchungen einer Patientin mit Epilepsie zeigen, dass es möglich ist, autoskopische Erfahrungen, also die Fähigkeit sich selbst zu sehen, durch elektrische Stimulation des rechten Gyrus angularis (spez. Hirnwindung) im Winkel zwischen Temporal- und Parietallappen zu induzieren. Er schlussfolgerte, dass die rechte temporo-parietale Region bedeutsam ist für die Wahrnehmung der räumlichen Lokalisation des Selbst. Kommt es zu einer Störung dieser Region können autoskopische Phänomene entstehen (28).
Neurobiologisch werden autoskopische Phänomene als illusionäre Reduplikationserscheinungen von Körper und Selbst eingeordnet. In diese Reihe gehören vornehmlich autoskopische Halluzinationen, die Heautoskopie und nach neurobiologischen Vorstellungen die OBE. Die Autoskopie ist ein visuelles Erlebnis, dass das Sehen der eigenen Gestalt (Spiegelbild-Halluzination)

ermöglicht. Ein besonderes Phänomen ist zudem die Heautoskopie (sich selbst sehen), bei der sich zwei Selbstbilder gegenüber stehen und das Ich-Bewusstsein angeblich auf den Doppelgänger übergehen soll. Damit sind Veränderungen der Wahrnehmung des Körperschemas verbunden, welche häufig bei Schädigung des temporo-parietalen Bereichs auftreten (29). Das beobachtende Selbst identifiziert sich dabei mehrheitlich noch mit dem Körper. Im Unterschied dazu ist das Hauptmerkmal einer OBE das Herabblicken (von außen) auf den Körper. Nach neurobiologischer Vorstellung bilden Autoskopie, Heautoskopie und OBE eine Steigerungsreihe des Erlebens von visueller Halluzination mit körperzentrierter Wahrnehmung. Dies soll durch eine pathologische Verarbeitung verschiedener Sinnesmodalitäten mit dadurch getriggerter Verdoppelung (Halluzination) und unsicherer Lokalisation des Ichs hervorgerufen werden. Am Ende der Reihe wäre das Gefühl der vollständigen Dissoziation vom eigenen Körper (OBE) einzuordnen (30).

Die Berichte von Menschen mit NTE sprechen jedoch gegen diese Vorstellungen. Autoskopie und Heautoskopie sind Halluzinationen eines Doppelgängers und bilden den Körper oft fragmentarisch und seitenverkehrt ab. Dadurch können jedoch weder das Gefühl der schwebenden Bewegung wie auch die im komatösen Zustand auftretenden akustischen und visuellen Wahrnehmungen während einer NTE erklärt werden. Typische Beschreibungen während NTE berichten, dass der eigene Körper in liegender Position mit geschlossenen Augen gesehen wird, dass aber auch darüber hinaus Aktivitäten, Gespräche, emotionale Empfindungen ebenso wie eigene Bewegungen z. B. in andere Räume wahrgenommen werden. Diese Beobachtungen können nicht mit der neurobiologischen Hypothese einer multisensorischen Desintegration von personellem und extrapersonellem Raum erklärt werden, welche aufgrund widersprüchlicher sensorischer Signale im temporo-parietalen Gehirn eine halluzinatorische Projektion des eigenen Körperbildes erzeugt, wie immer wieder behauptet wird. Ganz im Gegenteil können die vielfach beschriebenen detaillierten Informationen über das aktuelle Geschehen z.B. im OP-Saal in bewusstlosem Zustand nicht mit herkömmlichen Sinnen wahrgenommen werden. Auch die Spekulation, dass schon vorhandene Informationen aus früheren Wahrnehmungen als Informationen im Gehirn gespeichert wurden und durch das aktuelle Geschehen halluzinatorisch nach außen produziert werden, muss als widerlegt angesehen werden. Die im bewusstlosen Zustand erfolgten außergewöhnlichen Wahrnehmungen unterscheiden sich wesentlich von autoskopischen Erlebnissen, welche in bewussten Zuständen auftreten. Letztere können durchaus, wie von neurobiologischer Seite postuliert, auf verschiedenartige Störungen der multisensorischen Integration im temporo-parietalen Bereich zurückgeführt werden.

Die aber während NTE auftretenden Phänomene sprechen eindeutig gegen die postulierte Verbindung von Autoskopie, Heautoskopie einerseits und OBE andererseits in einer stufenweisen Sequenz. Während NTE muss von einer Abkoppelung des Bewusstseins von den natürlichen Sinnen (Sehen, Hören etc.)

ausgegangen werden, was zwingend zu der Erkenntnis führt, dass die erhaltenen Informationen über eine außersinnliche (paranormale) Wahrnehmung gewonnen wurden. Zahlreiche verifizierte Einzelbeobachtungen sprechen für die Realität dieser Wahrnehmung und gegen eine halluzinatorische Ursache. Wissenschaftliche Belege im Sinne von kontrollierten prospektiven Untersuchungen fehlen jedoch fast völlig, so dass das Vorhandensein dieser als paranormal zu bezeichnenden Phänomene von reduktionistischer Seite als bloße Einbildung abgestempelt oder negiert wird, insbesondere mit dem Hinweis, dass die Existenz von Paraphänomenen widerlegt sei (siehe unten, 31).

Das Tunnelphänomen

In vergleichbarer Weise wie bei anderen Elementen der NTE wird auch das Tunnelphänomen von neurobiologischer Seite durch eine spezielle Störung im Gehirn erklärt. Viele Menschen mit NTE schildern eine rasende Bewegung durch einen meist dunklen, nicht immer leeren Tunnel, der sich zunehmend zu einem hellen Licht von mystischer Qualität erweitert. In der Medizin versteht man unter einem Tunnelphänomen eine Einschränkung des Gesichtsfeldes. Nur Gegenstände in direkter Blickrichtung werden noch wahrgenommen, seitlich bzw. darüber- oder darunterliegende Objekte nicht mehr. Ursachen hierfür finden sich z.B. bei vermehrtem Alkoholkonsum, aber auch bei Erkrankungen des Sehapparates wie z. B. Retinitis pigmentosa (spez. Form der Netzhautdegeneration). Eine Schädigung des suprachiasmatischen Teils der Sehbahn[11] zu beiden Teilen des Gehirns führt zu einem Gesichtsausfall (bilaterale homonyme Hemianopsie[12]) mit einem hochgradig konzentrisch eingeschränkten Gesichtsfeld-„Tunnel".
Auch bei bestimmten Formen der Migräne können Sehstörungen mit gelegentlich auftretendem Tunnelblick auftreten. Diese Formen sind denen bei NTE auftretenden Phänomenen zwar ähnlich, unterscheiden sich jedoch in drei wesentlichen Punkten:
Zum einen tritt die krankheitsbedingte Tunnelblicksymptomatik nur beim Sehen mit offenen Augen auf. Zum anderen findet sich hier eine negative emotionale Komponente (z.B. Angst). Im Gegensatz dazu entwickelt sich das Tunnelphänomen bei NTE unter geschlossenen Augen (z.B. im Koma) und ist meistens mit Glücksgefühlen verbunden. Ein weiterer Unterschied ist das von den betreffenden Personen geschilderte Gefühl, sich in einem Tunnel in Richtung eines hellen Lichts zu bewegen. Das Lichterlebnis am Ende des Tunnels ist im Unterschied zu den Schilderungen neurologischer Patienten meistens weiß, gelb oder goldfarben und beglückend.

---

[11] Die Sehbahnen kreuzen sich an der Hirnbasis (Chiasma). Suprachiasmatisch = über der Kreuzung gelegen.
[12] Auf beiden Seiten des Gehirns gelegener Gesichtsfeldausfall, der die gleichen Seiten betrifft. Man erkennt hier mit beiden Augen z.B. nur den linken oder rechten Teil eines Bildausschnitts.

Von neurobiologischer Seite wird einerseits vermutet, dass die Zellen der occipitalen Sehrinde (im Hinterhaupt), die das Zentrum des Gesichtsfelds repräsentieren, aufgrund einer erhöhten Vulnerabilität gegenüber Sauerstoff, vermehrt feuern. Dies führe zu einer zentralen Gesichtsfeldeinengung mit Wahrnehmung von Helligkeit am Ende eines Tunnels. Es wird spekuliert, dass die berichtete Eigenbewegung („Schweben") dabei durch eine durch Sauerstoffmangel (hypoxisch) bedingte Veränderung der Sehrinde entstehe (32, 33). Eine andere Hypothese wird ebenfalls vertreten. *Blackmore et al.* vermuten den Ursprung der Tunnelerfahrung in der Struktur der sog. C-Zellen des Auges (Netzhaut oder Retina). Auch wird ein Sauerstoffmangel vermutet, der zu einem vermehrten ziellosen Feuern der untergehenden Zellen führt. Die bekannte erhöhte Vulnerabilität der Retina-Zellen im Zentrum des Gesichtsfeldes soll dadurch einen Tunneleffekt erzeugen (34). Diese Vorstellung ist jedoch aus verschiedenen Gründen unwahrscheinlich. Einerseits müsste mit zunehmender Hypoxie die Aktivität der Sehrindenneurone wie auch der retinalen Zellen im Auge und somit die reaktiv auftretende zentrale Helligkeit bei weiter voranschreitender Gewebsschädigung wieder abnehmen. Dieses Phänomen müsste dann auch bei Patienten auftreten, die einen Schlaganfall im Bereich der Sehrinde erlitten haben. Im zeitlichen Verlauf müssten zudem Fluktuationen von initialer Helligkeit und anschließender Inversion mit Verdunkelung und eventuell sogar eine zunehmende Helligkeit perizentral um die Sehstörung herum auftreten. Dies ist bisher jedoch noch nie beobachtet worden.
Auch steht die von neurobiologischer Seite vermutete vermehrte Aktivität der occipitalen Neurone im Widerspruch zu den im EEG nachgewiesenen Veränderungen, wie zunehmender Verlangsamung und teilweise Null-Linien-Aktivität. Nicht erklärt werden kann dadurch auch die mystische Qualität des Lichtes. Des weiteren spricht gegen die Sehrinden-Theorie wie auch gegen die Retina-Theorie die Tatsache, dass bei elektrischer Aktivierung des Temporallappens, aber auch bei NTE nicht-hypoxischer Ursache wie z.B. Induktion durch Medikamente wie Ketamin oder Halluzinogene, ebenfalls Tunnelphänomene beschrieben sind, bei denen ein Sauerstoffeinfluss auszuschließen ist. Eine primäre Beteiligung der Sehrinde oder auch der Retina, wie sie von neurobiologischer Seite sehr häufig vorgebracht wird, ist somit unwahrscheinlich.

Grenzen des neurobiologischen Weltbilds

Die Neurowissenschaften haben sich nach Erscheinen von „Leben nach dem Tod" 1977 eher am Rande mit dem Phänomen NTE auseinandergesetzt.
Ziel fast aller neurobiologischen Publikationen zum Thema ist der Nachweis einer physiologischen Ursache der Erlebnisse. Aufgrund der spontanen Natur von NTE sind experimentelle Daten rar. In den meisten Fällen wurde versucht, Einzelelemente der NTE mit bekannten Phänomenen zu vergleichen und daraus

neue Erkenntnisse über biochemische und physiologische Mechanismen zu gewinnen. Die vorgeschlagenen Erklärungsmodelle sind jedoch oftmals nur auf Teilelemente anwendbar und können die Vielzahl der Phänomene nicht umfassend erklären. Einige Hypothesen gelten zudem inzwischen als widerlegt, werden jedoch immer wieder von verschiedenen Autoren aufgegriffen.

Auch die Neurobiologen selbst geben gelegentlich zu, dass die durch einen vermeintlichen Sauerstoffmangel vermuteten Schädigungen in bestimmten Arealen des Gehirns als Ursache der NTE nicht ausreichen, um *alle* geschilderten Phänomene erklären zu können. Insbesondere gilt dies für Erfahrungen, welche in Situationen ohne Herzstillstand auftreten wie Polytraumata, Situationen einer allgemeinen Anästhesie, Phasen einer Unterzuckerung, schreckhafte Situationen ohne organische Schäden (z.B. Absturz vom Berg) oder auch stressfreie Lebensphasen (z.B. Meditation, Yoga, in Träumen, nach Einnahme von Drogen oder zum Beispiel während einer Autofahrt) (35).

Da die gesamte NTE-Sequenz neurobiologisch nicht ausreichend erklärt werden kann, hat man sich in letzter Zeit auf die Erforschung von Teilelementen wie zum Beispiel die Out-of-body-Erfahrung (OBE) konzentriert. OBE können sowohl willentlich wie auch unwillkürlich ausgelöst werden.

Aus neurobiologischer Sicht werden OBE als Teil eines Spektrums autoskopischer Phänomene eingeordnet (siehe oben). Nicht erwähnt wird dabei, dass die Betroffenen während ihrer außerkörperlichen Erlebnisse in der NTE *bewusstlos* sind, im Unterschied zu autoskopischem Phänomen, welche in *bewussten* Zuständen auftreten. Die während NTE auftretende Abkoppelung des Bewusstseins von den natürlichen Sinnen (Sehen, Hören) führt zwingend zu der Erkenntnis, dass die gewonnenen Informationen über eine außersinnliche (paranormale) Wahrnehmung gewonnen wurden. Auch andere Teilelemente wie zum Beispiel Begegnungen mit Verwandten und Bekannten – die fast ausschließlich alle bereits verstorben sind – oder mystischen Lichtwesen müssen ebenfalls als außersinnliche Wahrnehmung charakterisiert werden. Im gleichen Maße gilt dies für den in 20 – 30 % der Fälle auftretenden *panoramischen Lebensrückblick*. Dieser wird meistens in Anwesenheit eines angenehmen und verschiedenfarbigen Lichtes oder von Lichtwesen wahrgenommen.

Über ein Lebenspanorama oder eine Lebensschau, bei denen man nicht nur jede Handlung oder jedes Wort, sondern auch jeden Gedanken des vergangenen Lebens erneut erlebt, haben zahlreiche Menschen berichtet. Man erkennt die Gefühle und Gedanken der Anderen ebenso wie die Konsequenzen, welche die eigenen Gedanken, Worte und Taten für Andere hatten (36). Das Phänomen der Lebensrückschau kann deshalb in seiner Gesamtheit neurobiologisch ebenfalls nicht ausreichend erklärt werden.

Es bleibt somit festzuhalten, dass NTE zwar durch vielfältige physiologische Mechanismen angestoßen werden können, der Inhalt der Erfahrungen jedoch

trotz der eventuell vorhandenen neuronalen Korrelate physiologisch nicht ausreichend begründet werden kann.
NTE sind phänomenlogisch als paranormale Phänomene zu klassifizieren und somit außersinnlich im wahrsten Sinne des Wortes. Paranormale Fähigkeiten wie z.B. Telepathie und Hellsehen sind seit Jahrhunderten bekannt, wurden von den Wissenschaften bisher aber nicht akzeptiert.
Da bestimmte Paraphänomene in einigen Studien nicht reproduzierbar waren, wurden diese in ihrer Gesamtheit als „nicht robust" eingeordnet und somit als zufällig und nicht existent abqualifiziert. Im Gegensatz dazu ist die Existenz von Paraphänomenen wie Telepathie, Hellsehen, Vorauswissen oder auch Psychokinese nach Meinung des amerikanischen Parapsychologen *C. T. Tart* bereits in Hunderten von Experimenten bewiesen worden (37).
Auch die außersinnlichen Wahrnehmungen bei NTE müssen inzwischen als gesichert angesehen werden. Dies einerseits aufgrund der Vielzahl an retrospektiv erhaltenen Daten, andererseits vor allen Dingen aufgrund der Ergebnisse der bisher durchgeführten prospektiven Studien. Diese Studien erfüllen die wissenschaftlichen Kriterien der Reproduzierbarkeit und beweisen, das NTE und Teilelemente davon unter bestimmten klinischen Bedingungen in einem relativ konstanten Prozentsatz auftreten und somit als Bestandteil der menschlichen Existenz akzeptiert werden müssen. Da materialistische Hypothesen und Modelle die NTE nicht ausreichend erklären können, darf die außersinnliche Natur des Phänomens deshalb nicht länger ignoriert werden.

Die vielfältigen Auslösemechanismen der NTE können zu einer Veränderung „der Pforten der Wahrnehmung" führen, welche die normalen Wechselwirkungen des Gehirns mit immateriellen (andersartigen) Realitäten verändern (38). Solche Vorstellungen entsprechen der philosophischen Position des interaktionellen Dualismus, welcher insbesondere von dem Neurophysiologen *John Eccles* vertreten wurde. Eccles postulierte, dass kleinste Prozesse auf Ebene der Quantenphysik hinreichend seien, um die Ausschüttung von Neurotransmittern[13] zu beeinflussen und schloss, dass die Wirkung eines energie- und masselosen Geistes auf das Gehirn somit durch eine Beeinflussung der quantenmechanischen Wahrscheinlichkeitsfelder erklärbar werde (39).
Nach neueren parapsychologischen Vorstellungen sind außersinnliche Phänomene wie z.B. Telepathie als quantenmechanische Verschränkung anzusehen, welche physikalisch nicht von Raum und Zeit abhängt. Die Zeit ist physikalisch ein Konstrukt der mentalen Repräsentationen des Gehirns. Es ist deshalb davon auszugehen, dass bei einem sterbenden Gehirn die mentale Repräsentation des Bewusstseins zusammenbricht und dadurch die häufig beschriebene Zeit- und Wortlosigkeit einer NTE entsteht. Dieses Phänomen ist typisch für paranormale Ereignisse und lässt sich quantenphysikalisch erklären (40). Es ist deshalb – trotz der stets mit großer Gewissheit vorgetragenen

---

[13] Boten- und Übertragersubstanzen des Gehirns an seinen Synapsen (Schaltstellen).

gegenteiligen naturwissenschaftlichen Behauptungen – aufgrund der aktuellen Erkenntnisse über NTE mehr als plausibel, eine von der Materie unabhängige, unzerstörbare, zeitlose Bewusstseinseinheit („Seele", „feinstoffliche Energie") anzunehmen, welche den materiellen Tod des Körpers überlebt (41).

Die heutigen Naturwissenschaften gehen davon aus, dass die Realität grundsätzlich materieller Natur ist und auch physikalisch erklärt werden kann. Materie ist somit ohne Bewusstsein und dieses ein Nebenprodukt der physiologischen Hirnaktivität. Dabei ist der Materialismus eine bloße Annahme (42). Der größte Denkfehler besteht darin, Materialismus und Naturwissenschaft gleich zu setzen. Wissenschaft ist eine methodologischer Prozess zur Entdeckung der wahren Realität und metaphysisch neutral, wohingegen das Denkmodell des Materialismus als alleinige Grundlage der Realität nicht bewiesen ist, sich aber für die meisten Naturwissenschaftler mehr oder minder unbewusst zum naturwissenschaftlichen Dogma entwickelt hat. Das Bekenntnis der Wissenschaftsgemeinde zu einem gemeinsamen Wirklichkeitsmodell wird als Paradigma bezeichnet. Was sich nicht darin einfügt, wird wegerklärt (43). Sammeln sich jedoch immer mehr Anomalien an, wird ein Krisenpunkt erreicht, der bei korrekter Anwendung der wissenschaftlichen Methodik nach Aussagen des Wissenschaftshistorikers *Thomas S. Kuhn* zu einem Umsturz des herkömmlichen Weltbildes führen sollte (44).

NTE widerlegen das vorherrschende materialistische Weltbild der Naturwissenschaften und somit das neurobiologische Dogma, dass Bewusstsein ohne Materie nicht existieren kann. Diese Befreiung des Denkens eröffnet eine völlig neue spirituelle Weltsicht über den Sinn und Zweck des Lebens.

Literatur:

1. Moody A.R.: Leben nach dem Tod. Rowohlt, Reinbek 1977
2. van Lommel P.: Endloses Bewußtsein. Neue Medizinische Fakten zur Nahtoderfahrung. Patmos, Düsseldorf 2009
3. van Lommel P., van Wees R., Meyers V., Elfferich I.: Cardiac arrest – a prospective study in the Netherlands. In: The Lancet: 358, 2039-45 (2001)
4. Wikipedia.de/Nahtod-Erfahrung (aktualisiert am 13.01.14)
5. van Lommel P.: Endloses Bewußtsein. a. a. O.
6. Moody A. R.: Leben nach dem Tod. a. a. O.
7. Schröter-Kunhardt M.: Nah-Todeserfahrungen. Transpersonale Psychologie und Psychotherapie 2: 56-65 (2005)
8. Rommer B.R.: Der verkleidete Segen. Santiago, Goch 2004
9. van Lommel P. et al.: Cardiac arrest - a prospective study in the Netherlands. a. a. O.
10. Owens J. E., Cook E. W., Stevenson I.: Features of "near-death-experience" in relation to whether or not patients were near death. Lancet 336:1175-7 (1990)
11. Högl S.: Transzendenzerfahrungen. Tectum Verlag, Marburg 2006
12. Greyson B.: Incidence and correlates of near-death experiences in a cardiac care unit. Gen Hosp Psychiatry 25 (4), 269-276 (2003)
13. Roth G.: Aus Sicht des Gehirns. Suhrkamp, Frankfurt (2003)

14. Lexikon der Neurowissenschaften. Spektrum Akademischer Verlag, Heidelberg, Berlin (2000)
15. Thesaurus der exakten Naturwissenschaften: (Hrsg.: Serres & Farouki). 2001 - Verlag, Frankfurt (2001)
16. Gallup G.Jr., Proctor W.: Begegnungen mit der Unsterblichkeit, Universitas, München (1983)
17. Vaitl D., Birbaumer N. Gruzelier J. et al. Psychobiology of Altered States of Consciousness. Psychological Bulletin, 131 (1) 98-127 (2005)
18. Chawla L., Seth A., Junker C. et al. Surges of Electroencephalogramm Activity at the Time of Death: A case series. J Palliative Medicine 12 (12) 1-6 (2009)
19. Borjigin J. et al. Surge of neurophysiological coherence and connectivity in the dying brain. PNAS 10 (2013) (doi: 10.1073/pnas. 1316024110)
20. Lutz A., Greischar L., Rawlings N. B. et al. Long term meditators self-induce high-amplitude gamma synchrony during mental practice. PNAS 101/46: 16369-16373 (2004)
21. Engmann B., Was passiert an der Schwelle zum Tod? Medizinische Erklärungen für Lichterscheinungen und Tunnelphänomene, in: MMW Fortschritte der Medizin 150 (2008), 42 - 43.
22. Parnia S., What happens when we die?, Carlsbad (CALIF) 2006, 84 - 86.
23. Ewald G., Ich war tot, Augsburg 1999, 146 - 147.
24. Lempert T., Bauer M., Schmidt D., Syncope and near-death experiences, in: The Lancet 344 (1994), 829 - 830.
25. Kelly E., Kelly E. W., Crabtree A., Irreducible mind: toward a psychology for the 21st century. Unusual Experiences Near Death an Related Phenomena, Plymouth 2007, 380.
26. van Lommel P., Endloses Bewußtsein. a. a. O.
27. van Lommel P., et al., Cardiac arrest - a prospective study in the Netherlands. a. a. O.
28. Blanke O., Landis T., Spinelli L., Seeck M., Out of body experience and antoscopy of neurological origin, in: Brain 127 (2004), 243 - 258.
29. Arenz D., Heautoskopie, in: Nervenarzt 72 (2001), 376 - 379.
30. Brugger P., Neuropsychiatrie und Parapsychologie autoskopischer Phänomene. In: Nervenarzt 74 (2003), 293 - 295.
31. Brugger P., Neuropsychiatrie, a. a. O.
32. Blackmore S. J., Troscianko T. S., Physiology of the Tunnel, in: J. for Near-Death Studies 8 (1989), 15 - 28.
33. Whinnery J. E., Whinnery A. M., Acceleration - induced loss of Consciousness: A review of 500 Episodes, in: Archives of Neurology 47(1990) 746 - 776.
34. Engmann B.: Was passiert an der Schwelle zum Tod? a. a. O.
35. Blanke O., Dieguez S.: Leaving Body and Life Behind: Out-of-Body and Near-Death Experience. In: The Neurology of Consciousness (Eds.: Laureys S./Tononi G.), chapter 23, S. 303-325, Elsevier 2009
36. van Lommel P.: Endloses Bewußtsein. a. a. O.
37. C. T. Tart, The end of materialism, How evidence of the paranormal ist bringing, science and spirit together, Oakland 2009, S. 289 - 293
38. Huxley A.: Die Pforten der Wahrnehmung. Piper, München 2008
39. Eccles J.C.: Wie das Selbst sein Gehirn steuert. Piper, München 1994
40. von Lucadou W.: Paranormale Erfahrungen im Umfeld des Sterbens. In: Begegnung mit Verstorbenen (Hrsg.: A. Serwaty und J. Nicolay), Santiago-Verlag, Goch, 2010, S. 15-60
41. van Lommel P.: Endloses Bewußtsein. a. a. O.
42. R. Sheldrake, Der Wissenschaftswahn, Warum der Materialismus ausgedient hat. München 2012, 15 - 18
43. Ebd., S. 41
44. T. S. Kuhn, Die Struktur wissenschaftlicher Revolutionen. Frankfurt/Main 1973

Buchbeiträge von Prof. Dr. Dr. Wilfried Kuhn:

 „Neurobiologie der Nahtoderfahrung", in: „Nahtoderfahrung – Neue Wege der Forschung" Santiago (2009)

 „Neurobiologie spiritueller und religiöser Erfahrungen", in: „Begegnung mit Gott" Santiago (2010)

 „Die Out-of-Body-Erfahrung - Halluzination oder Realität?", in: „Nahtoderfahrungen und Bewusstseinsforschung" Santiago (2013)

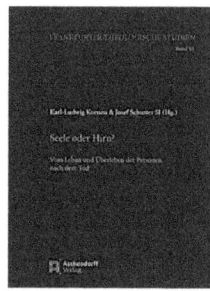 „Out-of-Body", in: „Seele oder Hirn? – Vom Leben und Überleben der Personen nach dem Tod" Aschendorff (2012)

 „Rätsel Nahtoderfahrung – Neurobiologische Erklärungsmodelle und ihre Grenzen", in: „Nahtoderfahrungen – Eine Herausforderung für Theologie und Naturwissenschaft" LIT (2013)

Begegnungen mit Bewusstsein, Energie und Geist

Dr. med. Gunhild Rederer-Maser
Internistin, Lebensberatung, Medium

Energie ist das Geheimnis von Leben und Geist, ja des ganzen Universums. Und die Liebe ist der Schlüssel dazu. In jedem von uns wohnt ein unendliches Potential. Gut begründbar sind der Glaube und die Hoffnung, dass wir alle, nachdem unsere irdische Aufgabe erfüllt ist, in eine andere Wirklichkeit abberufen werden und unser Wesen, unsere ganze Persönlichkeit und unser Bewusstsein dorthin mitnehmen, wo wir in einer anderen, uns unbekannten Energieform weiterleben dürfen. Wir alle werden nur die Materie – unseren Körper – hier lassen und dennoch in unserer Kraft mit unserem ganzen Sein weiterleben können. Unser Tod ist bloß der Endzweck unseres irdischen Lebens: Wir lassen dabei alles zurück, was uns als Mensch wertvoll und lieb war, alles was wir geschaffen haben. Allein unsere eigene Entwicklung nehmen wir mit: Dadurch bekommen Geist und Bewusstsein einen ganz besonderen Stellenwert. Das Gelernte und Erworbene wird im Laufe unseres Lebens gespeichert.
Nach dem Tod reflektiert man unausweichlich die nicht ausgesprochenen Tiefen seelischer Schmerzzustände, die man bis dahin bewusst oder unbewusst dem anderen zugefügt hat. Die wichtigste irdische Aufgabe eines jeden Menschen ist deshalb seine lebenslange Verpflichtung, Liebe, Verständnis und Harmonie seinen Mitmenschen entgegen zu bringen.
Verhält sich der Mensch dagegen häufig dazu entgegengesetzt, neigt er etwa zu Gewalt, fügt er anderen laufend Schmerz zu, werden Angst und Wut zu einer ständigen Belastung der anderen Mitmenschen in seinen Beziehungen, wird ihm dieses abgespeicherte Fehlverhalten in der jenseitigen Welt über das Seelenbewusstsein wie ein Spiegel vorgehalten. Man selbst erfährt dann denselben, anderen Menschen zugefügten Schmerz. Dieses Wiedererkennen seiner eigenen Fehler bedeutet für jene eine Demütigung, die meinten, mit ihrem falschen Verhalten auf der irdischen Ebene im Recht ihres Handelns zu sein. Sie fühlen den Schmerz, den sie jenen zugefügt haben, die mit ihnen das Leben geteilt haben.
Somit sind wir mit unserem Sein, unserem Geist und unserem Bewusstsein Künstler und Designer zugleich. Einen Prozess von Hoffnung und Gnade können jene Seelen dann erwarten, wenn sie in ihrer Verlassenheit um Hilfe bitten. Sie werden dann auch gern Hilfe annehmen. Sie suchen diese Hilfe selbst und direkt durch Träume und Zeichen, die für uns – hier Lebenden – oft nicht nachvollziehbar sind. Dadurch aber sind sie auch Trost für die Hinterbliebenen, da sie die Qualität einer Bestätigung besitzen und für ihre Lieben ein Hinweis ist, dass die geistige Energie keinen Tod kennt.
Seele, Geist und Bewusstsein bilden zusammen eine gemeinsame Einheit, was ihre Funktionen betrifft. Die Seele ist ein gewaltiges Meer von Informationen,

Vorstellungen und Begebenheiten, die eine unsichtbare Sinngebung haben. Sie hängt zusammen mit dem Geist. Sagen wir einfach, der Geist ist das Boot, das auf diesem Meer der Seele fährt.

Im Boot des Geistes sitzt das eigene Bewusstsein, das die Bewegungen des Meeres – der Seele – beobachtet.

Was unser Bewusstsein als Beobachter wahrnimmt, wird real und verdichtet sich zu einem Bild. Der Beobachter sieht aber nur die Oberfläche des Meeres. Somit kann er nur einen kleinen Ausschnitt wahrnehmen. Was in der Tiefe des Meeres passiert, bleibt ihm verborgen. Aber es hat durch die Bewegungen des Bootes eine unmittelbare Wirkung auf den Beobachter.

Diese unergründliche Strömung zu ignorieren wäre lebensgefährlich. Vielmehr wäre zu erforschen, was unter der Oberfläche des „bewussten" Betrachters geschieht. Vieles davon wird der Beobachter jedoch nicht erfassen können. Wichtig ist aber, dass der Beobachter sein Boot niemals *gegen* den Strom zu steuern versucht, dort wo er vielleicht gerne hin möchte.

Manchmal wagt er es in die Tiefe zu tauchen, um Eindrücke von der Wirklichkeit unter der Oberfläche zu bekommen. Dann wird das Verborgene bewusst und Bilder des Lebens entstehen. Das Bewusstsein benutzt sein Boot, den Geist, in der Weite der Seele als Fahrzeug, und es hängt von der Stärke des Geistes und der Heftigkeit der Bewegungen der Seele ab, wohin das Bewusstsein am Ende gelangt. Diese Erfahrungen tragen nun Bewusstsein und Geist bis zum Horizont in eine andere Seinsform nach dem Zurücklassen des materiellen Körpers. Da nun alles Bewusste und Unbewusste des im irdischen Leben Erfahrene gespeichert ist, kann diese neue „Energieform" genauso Informationen weitergeben durch Sprache – Gedanken Energie, Wärme, Kälte und für uns gänzlich unerklärliche Zeichen. Es gibt unzählige Berichte, wo uns Zeichen zum Beispiel in Klarträumen geschickt werden, um eine im hiesigen Leben nicht gutgemachte Schuld und der Schmerz, den man anderen zugefügt hat, zu „entschuldigen". Jene Seelen bitten damit um Vergebung und geben uns daneben oft auch beglückende Aussagen über den eigenen Zustand, in dem sie sich in einer anderen Realität befinden. Gefühle der Zufriedenheit und des Glücks sowie der unendlichen Ruhe und des Friedens werden dabei kundgetan. Krankheiten, fehlende Gliedmaßen und sonstige Behinderungen, die sie hatten, haben keine Bedeutung mehr, weil sie allein zu ihrer irdischen Materie gehörten. Es gibt nachweisbare Fälle, die genaue Begebenheiten aus ihrem Erdenleben kundtun, in denen sie sehr glücklich waren oder auch traurige Ereignisse.

Nicht Tod, sondern eine neue Situation der Verbundenheit entsteht. Dort wo tiefe Liebe war, wird sie durch solche Zeichen weiterbestehen. Der Philosoph Karl Jaspers schrieb: „Alles, was ich auf Eurer Erde schrieb an Gedanken an eine andere Welt nach meinem Tode, ist nicht mehr relevant. Die Gesetzmäßigkeiten Eurer Welt sind nicht die der geistigen Welt."

Jenseitskontakte mit therapeutischem Nutzeffekt?
(Der Umgang mit "psychisch Gestörten" in Brasilien)

Dagobert Göbel – Fernanda Marinho-Göbel
www.ALKASTAR.de

Die *Associação Médico Espírita Brasil (AME-BR)*, d.h. die Vereinigung der Spiritistischen Ärzte Brasiliens) mit ihrer Präsidentin *Dr. Marlene Nobre* sind die Träger und Sponsoren des Deutschen *Kongresses für PsychoMedizin*, der jährlich stattfindet.
In ihrer Lebens- und Arbeitsphilosophie folgt dieser Teil der brasilianischen Ärzteschaft der Lehre des Franzosen *Allan Kardec (1804-1869)* und den Idealen des brasilianischen Arztes *Dr. Bezerra de Menezes (1831-1900)*, einem der ersten Präsidenten der 1884 Rio de Janeiro gegründeten *Federação Espírita Brasileira (FEB)*, dem Zusammenschluss der kardecistischen Spiritisten Brasiliens).
Die Vorbereitung und Organisation dieses Kongresses für PsychoMedizin liegt weitgehend in den Händen der deutschen *Allan Kardec Studien- und Arbeitsgruppe e.V. – ALKASTAR*. Die Lehre Kardecs, der sog. »Kardecismus«, setzt die fleischliche Wiedergeburt in einem neuen Körper, von Kardec »Reinkarnation« genannt, als Realität voraus und baut auf dem sog. »Gesetz von Ursache und Wirkung« auf, der Lehre vom »Karma« und dem »Dharma« (s.u.)

Die deutsch-russische Theosophin und Spiritistin *Helena Petrovna Blavatsky (1831-1891)* definiert »Karma« als ..... das grundlegende Gesetz des Weltalls, ... welches die Wirkung an die Ursache knüpft in der physischen, gedanklichen und geistigen Welt. ... Da keine Ursache ohne eine ihr entsprechende Wirkung bleiben kann, von der größten bis zur kleinsten, von einer kosmischen Umwälzung bis zu der Bewegung deiner Hand, und da Gleiches stets Gleiches hervorbringt, ist Karma das unsichtbare und unerkannte Gesetz, welches weise, gerecht und einsichtig jede Wirkung zu der entsprechenden Ursache hinzufügt, indem es die erstere mit ihrem Urheber verbindet.

In seinen »Offenbarungen des Karma« (1910) definiert der Anthroposoph *Rudolf Steiner (1861-1925)* »Karma« als ... das Gesetz von Ursache und Wirkung in der Natur, auf das Geistige übertragen, aber ohne dass der freie Wille des Menschen durch die Karma-Gesetze beschränkt ist. Dabei muss die Wirkung auf dasselbe Wesen zurückschlagen, von dem die Ursache ausgegangen ist.

Die Basispunkte der *„Kardecisten"*, nach ihrer Erkenntnis und in Ihrer Lebensphilosophie, sind:

- Es gibt ein Leben nach dem Tod – der Geist (die »Psyche«) überlebt den *physischen* Tod. – Mit an Sicherheit grenzender Wahrscheinlichkeit gibt es nach dem Tod auch eine *Wiederkehr des Geistes (der Psyche) in einen neuen Körper*; der Glaube an dieses Phänomen findet sich in vielen Kulturkreisen. *Allan Kardec* prägte hierfür den Begriff der »Reinkarnation«[14].

- Der menschliche, *physische* Körper ist lediglich ein Resonanzkörper aus organischer Materie für den Wesenskern des »Individuums Mensch« – für den Geist (die Psyche). Geist, bzw. Psyche ist nach einer Modell-Vorstellung des brasilianischen Forschers *Hernani Guimarães Andrade (1913-2003)* wahrscheinlich ein sehr komplexes »biomagnetisches Feld«.

- Auch biomagnetische Felder von nicht mehr in einem Körper Lebenden können möglicherweise im physischen Körper eines Lebenden, eines *„Inkarnierten"*, zur Resonanz kommen. Man spricht dann von »Fremdenergie« und von »Fremdeinfluss«.
Die recht unterschiedlichen Erscheinungsbilder des Phänomens »Fremdeinfluss« werden von der Schulmedizin als »Bewusstseinsspaltung«, »Schizophrenie«, »Persönlichkeitsstörung« oder ganz generell der »Psychose« diagnostiziert.
Die Mitglieder der *„Vereinigung der Spiritistischen Ärzte Brasiliens"* differenzieren bei ihrer Behandlung von hilfesuchenden Patienten sehr wohl, ob diese als Opfer ihrer hohen »Sensibilität« bewusst oder unbewusst unter dem Einfluss von »Fremdenergie« leiden oder ob bei ihnen wirklich ein physischer Hintergrund als Ursache für eine psychosomatische Störung vorliegt.
Vermuten sie nach ihrer Erkenntnis aufgrund eines „Orientierungsgesprächs" das Einwirken von »Fremdeinfluss«, dann wenden sie kooperativ die Methode des sog. »Mediumistischen Heilens« an.

▶ Der Funktionsablauf beim *»Mediumistischen Heilen«* :
In Brasilien werden beeinflussende Geistwesen unter dem Aspekt der christlichen Nächstenliebe nicht ausgetrieben (bekannt als »Exorzismus« oder „ins Licht geschickt"), sondern während einer sog. »Kaptation« durch ein sog. »Inkorporationsmedium« in einem therapeutischen Gespräch auf eine andere, bzw. höhere Bewusstseinsebene gehoben:

▶ Definitionen: *„Kaptation"* – *„Inkorporations-Medium"*
Der Geist überlebt als unsterblicher Teil den physischen Resonanzkörper und kann sich nach dem Tod den Lebenden, also den „Inkarnierten", durch verschiedene Mittel und Wege, wie z.B. durch ein sog. Medium kundtun.

---

[14] nach Allan Kardec, „Livre des Ésprits" (1857), deutsch: „Buch der Geister" (1868). Davor waren die Begriffe Palingenesia („Wiederentstehung"), Metempsychose („Wiederverseelung, „Seelenwanderung" oder „Seelenwechsel") und Metemsomatose („Körperwechsel") üblich (Quelle: Wikipedia).

Dabei bedeuten nach *Kardec*:
Geist, bzw. Seele, ist ein bio-magnetisches Feld, das den Aufbau und die Existenz eines menschlich-physischen Körpers erst ermöglicht.
Inkarnierte sind bio-magnetische Felder mit Resonanz-Körper und *Geistwesen* sind bio-magnetische Felder ohne Resonanz-Körper.

Wenn sich ein beeinflussendes Geistwesen durch ein Medium verbal äußert, spricht man in Brasilien, wenn man dieses Phänomen therapeutisch nutzen will, von einer *Kaptation* (lat. captatio => das Ergreifen; captare => nach etwas greifen). Konkret versteht man darunter das »Zur-Resonanz-Kommen« einer „nicht inkarnierten Wesenheit", d.h. eines „beeinflussenden Geistwesens" oder eines „nicht integrierten Seelenanteils" eines bereits „wieder inkarnierten Wesens" oder eines weitgehend unbewussten Anteils der Persönlichkeit eines „inkarnierten Wesens" in einem eigens dazu geschulten *Inkorporationsmedium*.

▶ Der Funktionsablauf bei der *»Kaptations-Arbeit«* :
Zunächst kommt es bei der „Kaptations-Arbeit" zu einer „Inkorporation": Das Wort kommt aus dem Lateinischen und bedeutet Einverleibung oder Einführung eines Stoffes in den Körper. Im „Kardecismus" hat der Begriff »inkorporieren« die Bedeutung von einverleiben, verkörpern, in den Körper eindringen lassen.
Immer wenn ein „Geistwesen", eine „erdgebundene Seele" oder ein noch nicht voll integrierter Persönlichkeitsanteil eines bereits „inkarnierten Wesens" in den physischen, d.h. menschlichen Körper eines Mediums dringt und zur Resonanz kommt, sagt man: „Ein Geistwesen, eine erdgebundene Seele oder ein nicht-integriertes, vergangenes Leben wird in ein dazu ausgebildetes »Inkorporations-Medium« inkorporiert."

◆ Nach vollzogener „Inkorporation" folgt die *"Indoktrination"*
Das Wort kommt aus dem Lateinischen und bedeutet Beeinflussung im Sinne einer bestimmten Lehre.
Beim »Mediumistischen Heilen« nimmt ein „Indoktrinator" bei einer „Indoktrination" die psychologische Beeinflussung zur Regulierung des Denkens und Handelns eines „uneinsichtigen", „niederen" und „erdgebundenen Geistwesens" („Besetzers") im Sinne und zur Durchsetzung einer Ideologie oder Doktrin vor, wenn dieses, in ein Medium „inkorporierte", „niedere" und „erdgebundene Geistwesen", unbewusst oder bewusst ein „inkarniertes Wesen" in seiner Entwicklung oder Lebensweise stört oder sogar stark behindert.

Die hier angesprochene Ideologie ist eine über Jahrhunderte gewachsene, ethisch-moralisch hochwertige, menschliche Lebensanschauung und zwischenmenschliche Verhaltensweise, die nach unserer Auffassung auch auf dem Christentum und der Nächstenliebe basiert und der die Erkenntnisse aus dem „Kardecismus" – also der Lehre von *Allan Kardec* – zugrunde liegen. Dabei ist das zwischenmenschliche Verhalten stets vor dem Hintergrund um das Wissen um die »Reinkarnation« und um das Wissen um das »Gesetz von Ursache und Wirkung« zu sehen.

Das Indoktrinationsgespräch:
Vermuten Mitarbeiter der Allan Kardec Studien- und Arbeitsgruppe e.v. – ALKASTAR nach ihrer Erkenntnis aufgrund eines Orientierungsgesprächs mit einem Hilfesuchenden das Einwirken von »Fremdeinfluss«, dann nimmt ein eigens geschulter »Indoktrinator« in einer „Arbeitssitzung" über ein »Inkorporations-Medium« Kontakt auf mit dem beeinflussenden Geistwesen.

In diesem Gespräch (das „Geistwesen" nutzt dazu vorübergehend den Körper des Mediums als „Leih-Resonanzkörper") wird die wechselseitige Beziehung der beiden („beeinflussendes Geistwesen" und Hilfesuchender) als „Inkarnierte" in einem „gemeinsamen vergangenen Leben" durchleuchtet; meist kommt in diesem Gespräch zutage, dass das jetzt „beeinflussende Geistwesen" in dem „gemeinsamen (früheren) Erdendasein" als Opfer unter dem Einwirken des jetzt Hilfesuchenden gelitten hat.
Nun gilt es, durch geschickte Gesprächsführung das „beeinflussende Geistwesen" von seinem Vorhaben (nämlich aus seiner Sichtweise berechtigte Rache zu nehmen) abzubringen und es von einer *sinnvolleren Verhaltensweise* zu überzeugen. Gelegentlich muss man hartnäckig uneinsichtige Geistwesen in das „eigene vergangene Erdendasein" zurückführen, in dem die Ursache für sein Leiden und Opfer-Dasein verborgen liegt *(siehe eingangs: Definition von »Karma« nach Blavatsky und Steiner)* — Nach unserer Auffassung sind wir alle in jedem aktuellen Erdendasein immer die Summe all unserer Vorleben.

Das »Nicht-mehr-Einwirken« des „beeinflussenden Geistwesens" mindert im Regelfall den Leidensdruck des Hilfesuchenden. Er muss allerdings lernen, die Zusammenhänge und die Mechanismen von »Fremdenergie« und von »Fremdeinfluss« zu verstehen, die sich bei ihm nur aufgrund seiner Sensibilität auswirken konnten. Mitarbeiter der *Allan Kardec Studien- und Arbeitsgruppe e.V. – ALKASTAR* können möglicherweise auf den Fremdeinfluss einwirken, nicht aber auf seine Sensibilität.

»Fremdenergie« und »Fremdeinfluss« müssen nicht zwangsläufig von einer „nicht-inkarnierten" Bezugsperson ausgehen. Nicht gerade selten dominiert bei einer hilfesuchenden Person ein „eigenes, nicht integriertes vergangenes Leben", ein sog. »PastLife«) über die „jetzt inkarnierte" individuelle Persönlichkeit. Auch in diesem Fall diagnostiziert die konventionelle Schulmedizin eine »Bewusstseinsspaltung«, »Schizophrenie«, »Persönlichkeitsstörung« oder ganz generell eine »Psychose«.

Die jetzt erkennbaren somatischen Symptome bei der hilfesuchenden Person werden durch die Schulmedizin zwar in ihren Auswirkungen mit Medikamenten behandelt – aber ist damit auch ihre Ursache behoben?
Nach jahrzehntelangen praktischen Erfahrungen der brasilianischen Ärzteschaft liegt diese aufgrund des „Gesetzes von Ursache und Wirkung", also aus *„karmischen Gründen"*, in einem *„vergangenen Leben"* und wurde „damals" emotional nicht abschließend verarbeitet. Die Ursache bleibt somit in der Psyche des Individuums gespeichert und wirkt sich in einer *„erneuten Inkarnation"* – natürlich nicht offensichtlich erkennbar – nun als Störung aus, die in der Schulmedizin dann üblicherweise als »idiopathisch« (von griech. ídios => eigen, und griech. páthos => das Leiden) bezeichnet wird.

Auch hier kann das „Indoktrinationsgespräch" als kooperative Begleittherapie eine wirkungsvolle Lösung sein. In diesem Gespräch kommt dann allerdings das eigene, nicht integrierte „vergangene Leben" (das »PastLife«) der hilfesuchenden Person zur Resonanz (es nutzt vorübergehend den Körper des „Inkorporationsmediums" als „Leih-Resonanzkörper").
Abermals gilt es nun, durch geschickte Gesprächsführung eine mögliche wechselseitige Beziehung zu einer anderen, *„damals inkarnierten Person"* herauszufinden oder das *„damalige Leben"* zu durchleuchten und aus dieser Zeit eventuelle dramatische Vorgänge aufzudecken, die „damals" zu einem möglicherweise unnatürlichem Tod geführt haben, aber der *„jetzt wieder inkarnierten Persönlichkeit"* nicht bewusst geworden sind.

Das jetzt geführte therapeutische Gespräch über den Körper des Inkorporations-Mediums muss also zu einer »Be-wusst–Seins - Erweiterung« der „damaligen Persönlichkeit" führen, damit das „damalige dramatische Geschehen" die Lebensqualität der „aktuellen Persönlichkeit" nicht mehr beeinflusst oder gar dominiert; somit wird dieser „Persönlichkeitsanteil" nach einigen Gesprächen „deaktiviert" und somit als wirkungslos in das „aktuelle Leben" integriert.

»Idiopathische Medizin«
Im Internet kann man dazu bei Wikipedia nachlesen: „Der deutsche Pädiater *Stephan Heinrich Nolte* prägte 1993 den Begriff »idiopathische Medizin« als eine Medizin, die die Erkenntnis und die Akzeptanz der Schicksalhaftigkeit von Gesundheit und Krankheit in ihren somatischen und psychosozialen Bedingtheiten und Zusammenhängen akzeptiert, und eine empathisch begleitende und beratende ärztliche Grundhaltung gegen eine von therapeutischem Aktionismus geprägte, handlungsorientierte Medizin abgrenzt.
Dahinter steht eine Grundhaltung, die davon ausgeht, dass das, was uns gesund erhält *(„Salutogenese")*, in der Regel ebenso wenig bekannt ist wie das, was krank macht *(„Pathogenese")*. Das gilt auf der körperlichen Ebene genauso wie auf der psychischen. Ehe nun durch blindes therapeutisches Handeln in einem

komplexen System mehr Schaden als Nutzen angerichtet wird, sollten Ärzte angesichts dieses Unverständnisses den Patienten empathisch begleiten und stärken sowie mechanische, psychische und soziale Heilungshindernisse erkennen und beseitigen. Es heißt nicht, nichts zu tun, sondern die Bedeutung der menschlichen Beziehung in den Heilungsprozess, der immer ein innerer Selbstheilungsprozess ist, einzubeziehen." [15]

Psychische Störungen oder energetischer Fremdeinfluss
Seit alters her wird in den meisten Kulturkreisen Krankheit – dazu zählen auch psychische Störungen mit psycho-somatischem Erscheinungsbild – als ein bedeutsamer Erkenntnisfaktor für Naturgesetze betrachtet, um uns zu lehren, was wir bei unserem bisherigen Lebensstil falsch gemacht haben.
Unsere gegenwärtige Medizinvorstellung aber sieht Erkrankung als funktionelle Entgleisung der chemischen Abläufe im Organismus an und versucht oft, sie naturwissenschaftlich zu erklären und nur ihre Symptome zu behandeln. Dabei werden der naturwissenschaftliche Aspekt auf physikalische Erkenntnisse und die Physik auf mechanische Abläufe begrenzt. Alles, was über diesen Denkrahmen hinausgeht, wird als „nicht wissenschaftlich anerkannte Heilmethode" abgetan.

Psychosomatische Zusammenhänge werden von Ihrer Ursache her oft nicht ausreichend berücksichtigt und so die vielleicht eigentlichen Erkrankungsursachen nicht entsprechend zur Kenntnis genommen. Krankheit ist dann kein Warnsignal mehr, sondern bekommt den Stempel eines Feindes aufgedrückt, der bekämpft werden muss, der sich aber von herkömmlichen Kampfmethoden nicht immer beeindrucken lässt. Wollen wir siegreich sein, dann müssen wir uns auch gestatten darüber nachzudenken, die bisherigen Methoden zu ändern oder zu ergänzen, auch möglicherweise mit dem, was wir noch nicht ganz sicher wissen.

Leid ist ein starker und unbeirrbarer Antriebsmotor, der uns nach Lösungen suchen lässt – der unseren aufgeprägten Denkrahmen sprengt und uns über selbstgebaute vordergründige Denkgrenzen hinausgehen lässt.
Wie jede Wissenschaft sollte sich auch die Medizinforschung mit anderen Denkweisen, Wertvorstellungen und Prioritäten auseinander setzen; tut sie das nicht oder nicht nach objektiven Maßstäben, darf sie sich nicht wundern, wenn man ihr den Vorwurf einer unsachlichen Voreingenommenheit zu Lasten ihrer Behandlungseffizienz und zum Nachteil der Patienten macht; sie läuft Gefahr, so den Anspruch auf Wissenschaftlichkeit zu verlieren. Folglich sollten die Grundlagen, Wirkungsmechanismen und die Heilerfolge aller Therapieformen, auch *transkulturell* und *interdisziplinär*, erforscht und in ein möglicherweise daher sogar *ganzheitliches Behandlungskonzept* integriert werden.

---

[15] Nolte, S.H., „Idiopathische Medizin: Empathische Begleitung und Beratung statt therapeutischem Aktionismus", Dt. Ärzteblatt 90 (1993) A1, S. 2614-2616 (Heft 40).

Außerdem sollten ineinandergreifend alle wissenschaftlichen Erkenntnisse, auch die aus der sog. „Feldphysik", mit einbezogen werden.

Denn ebenso wenig, wie wir *elektro*-magnetische Felder als Wirkmechanismen auf ein Handy ignorieren, sollten wir *bio*-magnetische Felder als mögliche Wirkfaktoren auf den physischen Körper als unbegründet ausschließen.

Wir müssen magnetische Felder, jenen nicht-materiellen, unsichtbaren Bereich, der den Raum durchdringt und auf unsere sichtbare physische Welt Einfluss nehmen kann, als These für psycho-somatisch wirkende Lebensenergie mit in Betracht ziehen.

Zweifel und Skepsis sollten nicht zu Lasten von Hilfesuchenden gehen.

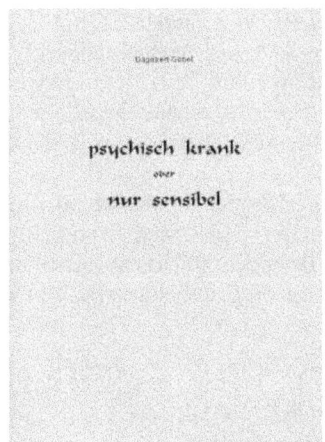

Dagobert Göbel:

„**psychisch krank oder nur sensibel:
Ein Leitfaden für Suchende – für sensible Menschen**"

ISBN 978-3937837116
Lichttropfen-Verlag (2008)

netzwerk nahtoderfahrung e.V.
German Friends of the International Association for Near-Death-Studies (IANDS) - gegründet 2004

Das Netzwerk Nahtoderfahrung e.V.
– German Friends of the International Association for Near-Death Studies (IANDS) –

Anders als in Amerika gab es in Deutschland lange Zeit kein organisiertes Forum für die seriöse Diskussion der vielfältigen natur- und geisteswissenschaftlichen Aspekte von Nahtod- und vergleichbaren Erfahrungen.
Daher gründeten Alois Serwaty, Sabine Mehne und der Mathematiker und Naturwissenschaftler Professor Dr. Günter Ewald im Jahre 2004 das Netzwerk Nahtoderfahrung (N.NTE). Dieses hat die Rechtsform eines eingetragenen Vereins. Die Gemeinnützigkeit ist anerkannt. Wir sind Partner von IANDS, USA.
Mitglieder im Netzwerk Nahtoderfahrung sind Menschen aus unterschiedlichen Berufen, Konfessionen und Lebenswelten, darunter Mediziner, Natur- und Geisteswissenschaftler, Menschen mit Nahtoderfahrungen und Interessierte aus Deutschland, Österreich und der Schweiz. Eine lokale Studiengruppe gibt es zurzeit in München.

Unsere Ziele sind:
1) Wir wollen den interdisziplinären Dialog der vielfältigen natur- und geisteswissenschaftlichen Aspekte dieser Erfahrungen fördern.
2) Wir wollen eine verlässliche Informationsquelle auf einer wissenschaftlich fundierten Basis für die Öffentlichkeit sein, und
3) Wir wollen Ansprechpartner für Menschen mit diesen Erfahrungen und für Interessierte sein.

Aus unserer Sicht bleiben diese Erfahrungen offen für sehr unterschiedliche kulturelle, philosophische und religiöse Interpretationen. Allerdings lehnen wir einseitige und vereinfachende Deutungen ab.

Wir veranstalten Seminare und Tagungen mit namhaften Referentinnen und Referenten. Dreimal jährlich geben wir einen Informationsbrief über Forschungsergebnisse, aktuelle Literatur, mit Berichten über Nahtoderfahrungen heraus. In den Beiträgen der Tagungsbände des N.NTE werden unterschiedliche Aspekte dieser Erfahrungen aufgegriffen.

Sie können sich als Nahtod-Erfahrene(r), als Mediziner/-in, Wissenschaftler/-in, oder Interessierte(r) in die Arbeit des Netzwerkes einbringen. Kontakt und Information:

Netzwerk Nahtoderfahrung e.V. Borgheeserweg 90; 46446 Emmerich/Rhein; Tel. + 49 (0) 2822-3375; E-Mail und Website: netzwerk-nahtoderfahrung@t-online.de www.netzwerknahtoderfahrung.org

Vorankündigung Jahrestagung des N.NTE 2014

40 Jahre Nahtodforschung - 10 Jahre Netzwerk Nahtoderfahrung
Der Mensch und seine Erfahrungen im Mittelpunkt

Freitag, 04.- bis Sonntag, 06. Juli 2014 an der LVHS Freckenhorst bei Münster/W.

Das doppelte Jubiläum - 40 Jahre Nahtodforschung und 10 Jahre Netzwerk Nahtoderfahrung –

nehmen wir zum Anlass, auf den Ursprung zurückzukommen: Die Erlebnisse selbst werden im Mittelpunkt dieser Tagung stehen. Auch dem Austausch untereinander und mit Fachleuten wird viel Platz eingeräumt. Die Teilnehmer/-innen dürfen also im Jahre 2014 auf eine etwas andere Jahrestagung als gewohnt gespannt sein.

Aber auch methodisch werden wir neue Wege gehen. *Nancy Clark*, PhD aus den USA und *Prof. Dr. Walter van Laack* werden als Hauptredner wesentliche Akzente setzten. Der Samstag ist nahezu ausschließlich den erfahrungsintegrativen Aspekten von Nahtoderlebnissen und vergleichbaren Erfahrungen gewidmet.

In einem „**Open-Space Verfahren**" mit *Farah Lenser* und *Heiner Benking* werden die Teilnehmer/-innen weitgehend die Themen und Schwerpunkte der Workshops bestimmen. Am Abend werden Nahtoderfahrungen einmal von einer völlig anderen Seite betrachtet - nämlich kabarettistisch!

Weitere Informationen und Voranmeldungen bitte unmittelbar über die LVHS Freckenhorst: 02581-9458-237 (Frau Gunia oder Frau Wagner).
Die Tagung ist offen für alle Interessierten.

Zur Aachener Seminarreihe „Schnittstelle Tod" sind bisher erschienen:

**Schnittstelle Tod –
Aufbruch zu neuem Leben?**

(2010)

ISBN 978-3-936624-10-6

Taschenbuch (SC), 148 S., 19,80 €

**Schnittstelle Tod –
Warum auf ein Danach vertrauen?**

(2012)

ISBN 978-3-936624-14-4

Taschenbuch (SC), 120 S., 15,00 €

Aktuelle Bücher von Prof. Dr. med. Walter van Laack [16]

1. Deutsche Bücher

Schnittstelle Tod – Warum auf ein Danach vertrauen?
ISBN 978-3-936624-14-4, Taschenbuch (SC), 120 S., (2012)   15,00 €

Schnittstelle Tod – Aufbruch zu neuem Leben?
ISBN 978-3-936624-10-6, Taschenbuch (SC), 148 S., (2010)   19,80 €

Mit Logik die Welt begreifen
ISBN 978-3-936624-04-5, Taschenbuch (SC), 380 S., (2005)   29,80 €
ISBN 978-3-936624-07-6, Festeinband (HC), 380 S. (2005),   39,80 €
ISBN 978-3-936624-23-6, E-Book (2013),   23,99 €

Wer stirbt, ist nicht tot!
ISBN 978-3-936624-12-0, (SC), 272 S., (Neuauflage 2011),   24,80 €
ISBN 978-3-936624-13-7, (HC), 272 S., (Neuauflage 2011),   35,00 €
ISBN 978-3-936624-21-2, E-Book (2013),   19,99 €

Eine bessere Geschichte unserer Welt

Band 1, "Das Universum"
ISBN 978-3-8311-0345-4, (SC), 196 S. (2000),   15,80 €

Band 2, "Das Leben"
ISBN 978-3-8311-2114-4, (SC), 248 S., (2001),   17,80 €

Band 3, "Der Tod"
ISBN 978-3-8311-3581-3, (SC), 276 S., (2002),   19,80 €

Der Schlüssel zur Ewigkeit
ISBN 978-3-9805239-4-3, (HC), 288 S.,1. Aufl. (1999),   24,80 €
ISBN 978-3-89811-819-4, (SC), 288 S., 2. Aufl.. (2000),   17,80 €

Plädoyer für ein Leben nach dem Tod und eine etwas andere Sicht der Welt
ISBN 978-3-89811-818-7; (SC), 448 S., 2. Aufl. (1999/2000),   22,90 €

---

[16] Hauptwerke größer geschrieben

2. English Books

To Perceive The World With Logic

ISBN 978-3-936624-08-3, Softcover (SC), 340 p., (2007),   29,80 €
ISBN 978-3-936624-09-0, E-Book (2008),   23,80 €

Nobody Ever Dies!

ISBN 978-3-936624-03-8, (SC), 272 p., (2005),   24,80 €
ISBN 978-3-936624-22-9, E-Book (2013),   19,99 €

A Better History of Our World

Vol. 1, "The Universe"
ISBN 978-3-8311-1490-0, (SC), 188 p. (2001),   15,80 €

Vol. 2, "Life"
ISBN 978-3-8311-2597-5, (SC), 236 p. (2002),   17,80 €

Vol. 3, "Death"
ISBN 978-3-936624-01-4, (SC), 276 p. (2003),   19,80 €

Key To Eternity
ISBN 978-3-8311-0344-7, (SC), 256 p. (2000),   17,80 €

Vertrieb durch: BoD, Book-on-Demand
In de Tarpen 42, 22848 Norderstedt; Fax 040-53 43 35-0, www.bod.de

für:

van Laack GmbH, Aachen, Buchverlag (HRB-Aachen 5584)

Geschäftsführer: Prof. Dr. Walter van Laack;
Gesellschafter: Walter van Laack, Alexander van Laack, Martin van Laack

Roermonder Str. 312, 52072 Aachen; Fax: 03212 - 9319310

www.van-Laack.de   www.vanLaack-Buch.de   www.vanLaack-Book.eu
Email: webmaster(at)van-Laack.de

www.ingramcontent.com/pod-product-compliance
Lightning Source LLC
Chambersburg PA
CBHW071225160426
43196CB00012B/2418